# Une petite histoire

# du yuan renminbi (RMB)

Pascal Rigaud

A Iris. Évidemment.

# TABLE DES MATIÈRES

# INTRODUCTION

Lorsque qu'au début de l'année 2021, quelques mois après l'expérimentation dans la ville de Shenzhen, les habitants de Pékin peuvent participer à une grande loterie avec leurs téléphones portables, ils collaborent à une initiative qui fera date dans l'histoire monétaire : les personnes tirées au sort reçoivent une «**enveloppe rouge**» (红包, hong bao) dématérialisée, d'un montant de 200 yuans (25 euros), pour utiliser les premiers **renminbis numériques** (数字人民币, shuzi renminbi) au cours du nouvel an chinois. Ces nouveaux signes monétaires ont été utilisés entre le 10 et le 17 février dans certains magasins et restaurants de la Wangfujing, l'une des grandes rues piétonnes commerçantes de la capitale, ou sur des plateformes de e-commerce. Les six grandes banques commerciales du pays étaient parties prenantes de l'opération sous la supervision de la **Banque populaire de Chine** (中国人民银行, zhongguo renmin yinhang) ainsi que les grandes sociétés de technologies financières et les géants du e-commerce qui ont développé les portefeuilles numériques et les autres technologies nécessaires au stockage et au transfert de la nouvelle monnaie virtuelle.

Le **e-yuan** n'a pas été conçue dans un « garage » au bord de l'autoroute 101 entre le sud de San Francisco et la ville de San José, ou dans un open-space climatisé d'une fintech de la Silicon Wadi, équivalent israélien de la Silicon Valley, où se concentrent les industries de hautes technologies, mais dans les immeubles neufs du quartier de Zhongguancun (Pékin), au nord du pays, où ceux de Shenzhen, au sud, où s'affirment l'excellence chinoise en matière de technologies numériques. Après Shenzhen (Guangdong) et Suzhou (Jiangsu), Pékin était la troisième ville à tester l'utilisation des yuans numériques. Depuis, les essais se sont multipliés et les « projets pilotes » élargis et approfondis : l'utilisation d'une monnaie numérique est devenue une réalité pour des centaines de millions d'utilisateurs chinois.

Le **yuan** (元) est l'unité monétaire de la République populaire de Chine (RPC). L'expression renvoie à un sinogramme, signifiant « objet rond », à l'image des **sapèques** (钱, qian), ces petites pièces rondes avec un trou carré, qui circulèrent pendant des siècles dans la Chine impériale. A la fin de la **dynastie Qing** (清, 1636-1912), le terme est aussi utilisé avec celui de **dollar** (美元, mei yuan) qui renvoie aux pièces en argent, avec la figure d'un dragon, symbole impérial, frappé sur l'avers, ayant un poids d'environ 27,22 grammes et une finesse de 0,900.

En Europe, le nom de l'unité monétaire (yuan) est souvent utilisé pour désigner la monnaie officielle de la République populaire de Chine (RPC) : la « **monnaie du peuple** » ou **renminbi** (人民币).

Pendant la première moitié du XXᵉ siècle, la Chine a connu d'importants changements monétaires, illustrant les difficultés du régime nationaliste à s'imposer à la fois face à l'occupation étrangère puis à l'invasion japonaise et enfin aux troupes communistes. Contrastant avec cette instabilité, le renminbi restera la monnaie légale du gouvernement dirigé par le Parti communiste chinois (PCC) malgré la diversité des expériences économiques que connaît le continent dans la deuxième partie du XXᵉ siècle. C'est la même monnaie et la même autorité monétaire qui accompagnent le collectivisme industriel et agricole puis la politique d'ouverture et l'insertion du pays dans la mondialisation libérale.

**Chapitre 1 : La « monnaie du peuple » dans la Chine nouvelle et dans la nouvelle Chine (1948-1999)**

La **République populaire de Chine** (RPC) (中华人民共和国, Zhonghua renmin gongheguo) est un État centralisé divisé en 22 provinces, 5 régions autonomes et 4 municipalités autonomes. La RPC comprend maintenant les deux Régions administratives spéciale (RAS) de Hong Kong et de Macao qui disposent chacune de leur propre monnaie, respectivement le **dollar de Hong Kong** (港元货币, gangyuan huobi) et la **pataca** (澳門圓, aomen yuan). La « monnaie du peuple » a donc **cours légal** (法定货币, fading huobi) sur le continent mais pas (encore) dans les anciennes colonies britannique et portugaise. Pourtant, c'est en s'appuyant aussi sur Hong Kong que le continent est devenu une puissance commerciale et que le renminbi s'internationalise.

## Chapitre 2 : La monnaie d'une puissance émergente (1999-2016)

La **diplomatie financière** (金融外交, jinrong waijiao) chinoise impose son agenda dans les relations bilatérales ou multilatérales comme l'illustre l'inclusion du renminbi dans l'actif de réserve du Fonds monétaire international (FMI). Alors que les banques centrales des grandes économies avancées s'interrogent encore sur l'architecture d'une monnaie adaptée aux transformations numériques, la Banque populaire de Chine est la première banque centrale d'une grande puissance économique à se doter d'une **monnaie numérique** (数字货币, shuzi huobi). Cette alternative légale aux pièces et aux billets vise à faciliter la vie quotidienne des résidents chinois, en rendant les paiements numériques plus faciles et plus sûrs ; elle peut aussi devenir un des vecteurs d'affirmation d'un système monétaire international multipolaire.

## Chapitre 3 : Le futur international et numérique du yuan (2016- )

Une petite histoire du yuan renminbi (RMB)

# CHAPITRE 1.
# LA « MONNAIE DU PEUPLE » DANS LA CHINE NOUVELLE ET DANS LA NOUVELLE CHINE (1948-1999)

La première émission du renminbi est réalisée avant la création du nouveau régime. Elle a servi à stabiliser les zones contrôlées par les troupes communistes. Face aux monnaies du gouvernement nationaliste qui avaient perdu tout crédit auprès de la population, la «monnaie du peuple» participe à la victoire en devenant la monnaie crédible d'un nouvel ordre économique et financier (**1.**).

Une fois l'hyperinflation combattue, il s'agit de centraliser et de rationaliser le système bancaire pour assurer un « développement socialiste » du pays. Bien qu'elle ait vocation à être l'unique institution financière dans un système monobanque, l'affirmation de la Banque populaire de Chine doit tenir compte de la tutelle de ministère des Finances et de la spécificité agricole chinoise (**2.**).

Au début de l'année 1978, la Banque populaire de Chine devient une entité administrative spécifique. Elle sera donc le principal artisan de l'organisation de l'oligopole bancaire qui se met en place et lui permet de devenir la banque de « premier rang » qui va favoriser la diversification des institutions de crédit (**3.**).

## 1. Un nouvel ordre monétaire et financier (1948-1954)

La **Banque populaire de Chine** (中国人民银行, Zhongguo renmin yinhang) est fondée le 1ᵉʳ décembre 1948 dans la ville de Shijiazhuang (province du Hebei) par le regroupement de différentes banques régionales : la Banque du Hubei, la Banque du Beihai et la Banque agricole du nord-ouest. **Nan Hanchen** (南汉宸, 1895-1967, gouverneur de 1948 à 1954), qui a acquis une expérience dans l'impression et la circulation des billets pendant les années de guerre civile et de lutte contre le Japon, sera nommé directeur général de la nouvelle structure. Il devient alors un des principaux responsables du système bancaire. Il secondera **Chen Yun** (陈云, 1905-1995), futur président du Comité économique et financier du gouvernement central, qui orientera les débuts de la politique économique de la « Chine nouvelle »[1] (新中国, xin zhongguo).

L'**Armée rouge** (红军, hongjun) est fondée par le parti communiste chinois (PCC), le 1ᵉʳ août 1927 au début

---

[1] En septembre 1949, le Quotidien du Peuple a publié un éditorial intitulé « La vieille Chine meurt, la Chine nouvelle est née ». L'expression « Chine nouvelle » fait ici référence au « système socialiste » dans lequel le « peuple serait devenu maître de son destin ».

de la guerre civile (1927-1949, 国共内战, hanyu pinyin).

Après la reddition du Japon (1945), elle devient l'**Armée de libération du peuple chinois** (中国人民解放军, zhongguo renmíin jiefang jun), désignée par le signe APL (Armée populaire de libération). Les premières banques communistes avaient d'abord vocation à financer ces forces armées, notamment en saisissant les actifs des banques dans les régions conquises et en émettant des billets, la rareté du métal utilisé à des fins militaires limitant la production de pièces. La reprise du conflit ouvert avec les troupes nationalistes, que les autorités communistes désignent sous le terme de « **guerre de libération** » (解放战争, jiefang zhanzheng), multiplie dans le nord du pays les banques émettrices de signes monétaires servant à assurer l'approvisionnement des armées régionales.

Les premiers billets émis par la Banque populaire de Chine ont donc d'abord une fonction unificatrice. Il s'agit de regrouper les structures bancaires dans les « zones libérées » par les troupes de l'APL et de convertir les différentes monnaies émises par les différentes banques communistes. La nouvelle monnaie a aussi vocation à abolir l'ordre monétaire ancien à la fois en remplaçant les monnaies émises sous la **République de Chine** (1912-1949, 中华民国, zhonghua minguo) par les banques contrôlées par les nationalistes, avec le souci de stopper l'**hyperinflation** (恶性通货膨胀, exing tonghuo pengzhang) et de ramener la stabilité financière, et en évinçant les espèces des banques étrangères, mettant ainsi fin à près de 100 ans de présence de devises étrangères.

De nombreuses versions de cette première série seront émises, illustrant les difficultés de production des billets lorsque les nouveaux banquiers doivent souvent changer de région et n'ont pas de stabilité dans l'approvisionnement des matériaux (papiers, encre, etc.). D'ailleurs, l'impression des premières coupures est grossière et la qualité du papier médiocre. Ainsi, on dénombre 62 versions de billets en 12 dénominations : deux types de 1 yuan, quatre types de 5 yuans, quatre types de 10 yuans, sept types de 20 yuans, sept types de 50 yuans, dix types de 100 yuans, cinq types de 200 yuans, six types de 500 yuans, six types de 1000 yuans, cinq types de 5000 yuans, quatre types de 10000 yuans et deux types 50000 yuans.

Notons que certaines coupures sont datées à l'ère républicaine puisqu'elles ont été imprimées sous ce régime[2]. Plus surprenant peut-être sont les motifs choisis pour ces billets. Quelques soient les versions, ils présentent à l'avers, pour les petites coupures, des scènes agricoles (cheval tirant une charrette, chevaux labourant

---

[2] La République populaire de Chine (RPC) adoptera le calendrier grégorien.

un champ, tracteurs, moissonneuses, champs irrigués, moutons de berger, etc.) et industrielles (usines, mines, scierie, etc.) ou des infrastructures ou des modes de transport (gare, viaduc, train, voilier, bateau à vapeur, etc.) et des symboles floraux au revers.

En Chine, comme ailleurs, les billets qui circulent dans le corps social véhiculent les messages des autorités politiques et monétaires. Ici, ce qui surprend c'est la rupture avec les compositions monétaires passées des administrations communistes. Ces représentations idylliques n'ont plus le profil des billets de la **République soviétique chinoise** (1931-1937, 中华苏维埃共和国, Zhonghua suweiai gongheguo) émis à partir de février 1932, à Ruijin (Jiangxi), par la **Banque nationale de la République soviétique chinoise** (中华苏维埃共和国家银行, zhonghua suwei'ai gongheguo guojia yinhang) dirigée par **Mao Zemin** (毛泽民, 1896-1943), le second frère de Mao Zedong, qui reproduisaient le visage de Lénine, les slogans de l'internationale communiste ou le programme du PCC.

Ici, les ouvriers et les paysans représentés n'exhortent plus à construire des **soviets** (苏维埃, suweiai) ou à renverser l'ordre féodal, mais témoignent d'une mise au travail heureuse et modernisée. Bref, les signes monétaires n'incitent plus à l'activisme militant, il s'agit de célébrer un nouvel ordre à une population dont on exige maintenant qu'elle soit laborieuse.

Les premiers billets mis en circulation sont les coupures de 10, 20 et 50 yuans. **Dong Biwu** (董必武, 1886-1975), alors président du Gouvernement populaire de Chine du Nord, calligraphie le nom de la Banque populaire de Chine sur les billets qui, dans un premier temps, circulent dans les territoires « libérés » par l'APL avec les billets de la Banque du Nord-est. Après la Chine du Nord, le Shandong et de la Chine du Nord-Ouest, la « monnaie du peuple » s'impose progressivement dans le pays, suivant le rythme de progression des soldats de l'APL.

Lorsque la ville de Pékin est sous leur contrôle, le 22 janvier 1949, les cadres de la banque suivent les troupes de la 8e armée pour s'installer dans la future capitale. Le 2 février, les presses de la nouvelle banque déménagent dans l'ancien site de la **Banque centrale** (中央銀行, zhongyang hinyang) à Xijiaominxiang (Pékin), ancien quartier des établissements bancaires à la fin de la dynastie Qing et pendant la République de Chine.

Bien que la Banque populaire de Chine soit concentrée sur la stabilisation des prix, les autres tâches s'accumulent sans fin. De l'impression et la diffusion du RMB dans les zones nouvellement conquises, en passant par la mise en place de coopératives agricoles ou le contrôle des succursales des banques nationalistes (Banque centrale, Banque de Chine, Banque des communications, Banque des paysans chinois, etc.), sans oublier la gestion financière des troupes, etc. les missions s'étoffent et le travail s'intensifie à mesure que l'armée contrôle les grandes villes du sud. Il faut aussi répondre aux demandes de soutien financier pour le développement de la production industrielle et agricole. Dans le Quotidien du Peuple du 22 juin 1949, Nan Hanchen précise que «soutenir la production est la tâche centrale du travail de la banque». Il faut donc transformer les devises et l'épargne en prêts industriels et prêts pour l'achat de produits agricoles. Et cette « collecte » nécessite de travailler avec les forces de répression pour lutter contre les activités financières devenues illégales (cf. changeurs de monnaie), organiser les saisies d'or, de dollars, d'argent et de billets de banques étrangères. Les nouvelles autorités monétaires ont aussi une fonction pédagogique car il faut « aider » les cadres des banques privées qui n'ont pas fui à se familiariser avec les politiques financières de la Chine nouvelle.

Les coupures mises alors en circulation ont différentes appellations. Toutefois, le terme « **monnaie du peuple** » (人民币) se diffusera à partir du milieu de l'année 1949. Lorsque les troupes de l'APL entrent dans Shanghai, en mai 1949, les **yuans or**[3] (金元, jinyuan) de

---

[3] Le yuan or est la monnaie de la République de Chine qui entre en vigueur le 19 août 1948 pour remplacer le yuan fabi déprécié. Un yuan-

l'ancien régime doivent être échangés contre le RMB au taux de 1 pour 100000 : en quelques jours, les autorités communistes récupèrent l'essentiel des sommes en circulation. Toutefois, ce n'est pas la présence de la monnaie nationaliste, totalement discréditée, qui pose problème pour imposer la nouvelle « monnaie du peuple » mais la circulation des devises et des dollars argent. Avec la rareté des produits, les prix en RMB s'envolent d'autant plus vite que les marchandises circulent moins avec la nouvelle monnaie. Les céréales, les tissus, etc. apparaissent plus rapidement lorsqu'on les échange contre des pièces en argent ou des billets américains ou anglais. Mais, le pouvoir est implacable contre la « **spéculation financière** » (金融投机, jinrong touji) qui conduit prestement devant les tribunaux, et aux exécutions expéditives, pour avoir «**manipulé les prix**» (操纵物价, caozong wujia). Toutes les devises doivent être déposées à la Banque de Chine en échange de certificat de dépôt, ou directement à la Banque populaire de Chine en échange de renminbis. Ces obligations témoignent que la défiance reste forte face à cette nouvelle « monnaie du peuple » : « L'Armée populaire de libération peut entrer à Shanghai, mais pas le renminbi. » se plait à affirmer un dicton. Il faudra donc le soldat pour imposer le billet. Et la mobilisation des « masses » contre la spéculation permettra de renforcer l'assise des nouvelles

---

or vaut 3 millions de yuan fabi.

coupures d'autant que les fermetures des banques locales, la criminalisation des échanges commerciaux en devises ou en métaux précieux ou les multiples arrestations de «spéculateurs» accompagnent les injonctions à la vertu monétaire.

Malgré la victoire militaire, la bataille sur le front de l'**inflation** (通货膨胀, tong huo peng zhang) n'est pas encore gagnée. La conversion des espèces, l'absorption des dépôts, le contrôle des émissions, le rachat des billets émis sous le **Guomindang** (国民党), même à un taux défavorable pour leurs détenteurs, n'arrivent pas à limiter la hausse des prix. Plus fondamentalement, la guerre civile, la détérioration des infrastructures de transport, les fermetures d'entreprises, les pénuries, notamment de matière de céréales ou de charbon, etc. accélèrent les hausses de prix. Notons que depuis 1937, la forte inflation marque le quotidien des Chinois. Elle a pu avoir des effets favorables lorsque les agents économiques épargnaient peu et achetaient rapidement les biens industriels et de consommation mis sur le marché. Toutefois, lorsque la fuite devant la monnaie devient générale et irrémédiable, que les commerçants changent les prix toutes les heures, que les fonctionnaires exigent leur traitement en nature ou qu'il devient impossible de fixer un taux d'intérêt, la vie économique se bloque. L'**hyperinflation** (恶性通货膨胀, exing tonghuo pengzhang) avait renforcé le mépris d'un régime nationaliste déjà discrédité pour sa corruption, son incurie et ses défaites militaires ; elle ne doit pas s'installer sous le nouveau régime.

Néanmoins, les autorités monétaires doivent imprimer de nouvelles coupures avec un montant nominal plus élevé : 100, 200, 500 puis 1000, 5000, 10000 et 50000 yuans. Les exilés chinois dans la colonie de **Hong Kong** (香港, xianggang) ou l'île de **Taïwan** (台湾) anticipent alors le même emballement des prix qu'a connu le régime nationaliste d'autant que les mesures fiscales (hausse des taxes) et salariales (hausse des salaires ouvriers) prisent par les autorités communistes, sans parler des procès expéditifs et à charge contre les capitalistes et autres propriétaires, n'incitent guère à la reprise des affaires dans un pays où les liaisons sont difficiles via les chemins de fer détruits, les ports du sud bloqués et les élites économiques et financières en fuite. Avec l'intensification de la guerre civile, l'industrie exsangue est maintenant moribonde. Et les discours sur le redressement industriel, éventuellement suivis de séances de redressement idéologique, ont rarement des effets directs sur les taux d'inflation… bien qu'ils favorisent les dépôts bancaires dans la nouvelle institution chez les épargnants apeurés.

A ces facteurs externes de désorganisation s'ajoute aussi la lente organisation de l'administration communiste. Tout au long des années 1949 et 1950, les budgets sont nombreux, locaux ou sectoriels, et distincts. Les autorités doivent limiter les pressions centrifuges des responsables locaux qui limitent la circulation des denrées pour éviter les pénuries dans leur zone de contrôle. A ces difficultés d'évaluation des dépenses s'ajoutent les tentations pour faire tourner la « planche à billets » afin de financer les dépenses locales et satisfaire les injonctions du pouvoir central. Et, au sein de l'État en formation, l'unité d'action n'est pas encore garantie. Ainsi, **Bo Yibo** (薄一波, 1908-2007), le Ministre des finances, donne l'autorisation d'émettre 664 milliards de yuans en papier monnaie en octobre 1949 accentuant la forte dépréciation du yuan et alimentant l'inflation galopante.

Sur le marché des changes, les premières coupures du régime communiste semblent se dévaloriser aussi vite que les derniers yuans nationalistes bien qu'en avril 1949, la nouvelle banque du peuple ait fixé la valeur du RMB sur un panier de biens physiques (farine, tissus, etc.). En mai 1949, le dollar de Hong Kong vaut 138 yuans. Le yuan renminbi, qui n'est pas encore diffusé complètement dans le sud du pays, se déprécie rapidement malgré les victoires militaires. Il faudra plus de 1000 yuans pour obtenir ce dollar en décembre 1949 et 3000 yuans en janvier 1950. L'embargo des États-Unis et le gel des avoirs communistes en dollars, en décembre 1950, accentueront l'affaiblissement de la valeur externe de la « monnaie du peuple ». Toutefois, l'essentiel n'est pas dans ces taux d'échange défavorables qui masquent l'essentiel : les autorités communistes ont introduit une nouvelle monnaie qui se révèle être une monnaie viable. Les moyens violents furent mobilisés mais l'hyperinflation a été évitée.

La Banque populaire de Chine continue de renforcer son emprise sur le système bancaire, notamment avec les transferts des directions des banques nationalistes de Shanghai à Pékin, comme celui de la **Banque de Chine** (中国银行, zhongguo yinhang). Elle doit aussi clarifier ses liens avec les autorités politiques et les autres entités administratives, civiles et militaires, en charge des questions financières. Il faut définir, entre les différents organismes, les normes comptables communes, notamment faire en sorte que la comptabilité de la banque soit compatible avec celle du ministère des Finances et de la future administration en charge de la planification.

Il ne s'agit pas seulement de mettre en place un système bancaire national, il faut aussi défendre les intérêts du nouveau pouvoir à l'étranger. Et si les frontières géographiques de la banque s'imposent rapidement, les limites de ses prérogatives font l'objet de nombreuses discussions. En octobre 1949, le gouvernement central approuve sa demande de créer une compagnie d'assurance, la **Compagnie d'assurance populaire de Chine** (中国人民保险, zhongguo renming baoxian) à

Pékin.

Le 1er octobre 1949, la **République Populaire de Chine** (中华人民共和国, Zhonghua renmin gongheguo) est fondée à Pékin. Elle s'affirme comme «une démocratie populaire qui réalise la dictature démocratique du peuple, conduite par la classe ouvrière, basée sur l'alliance des ouvriers et des paysans et ralliant toutes les classes démocratiques et toutes les nationalités chinoises».

Le 19 octobre 1949, le Gouvernement populaire central nomme officiellement Nan Hanchen au poste de gouverneur de la Banque populaire de Chine et Hu Jingyuan vice-gouverneur. La loi intègre la Banque populaire de Chine comme organe relevant directement du gouvernement populaire central. Elle est réglementée par le **Comité des finances et de l'économie** (财政经济委员会, caizheng jingji weiyuanhui) pour exercer les fonctions de banque d'État, responsable de l'émission de la monnaie, des obligations, de la gestion de la trésorerie des administrations, des activités financières, du maintien de la stabilité financière et participer à la restauration et la reconstruction du pays.

Pour les cadres de la Banque populaire de Chine, les principaux défis monétaires sont déjà connus. Il faut achever l'unification monétaires sur tout le territoire, juguler l'inflation et financer la construction du nouvel

État.

Le **renminbi** (人民币) est la monnaie du nouveau régime, bien que la loi ne l'officialise qu'en 1969 ! Son abréviation chinoise, RMB, composée des initiales du mot RenMinBi ou **monnaie** (币, bi) du **peuple** (人民, ren min). Le **yuan** (元) est l'unité monétaire du renminbi. Il est divisé en 10 **jiao** (角) et en 100 **fen** (分).

L'expression de yuan renminbi fait donc référence à l'unité monétaire (yuan) et à la monnaie (renminbi). Elle sert de manière générique à désigner la monnaie de la République Populaire de Chine.

Lors de l'officialisation du régime en 1949, le territoire conquis ne connaît pas encore de système monétaire unifié. Les nouveaux billets de la Banque populaire de Chine circulent encore avec les anciennes coupures de la Banque du Nord-Est. De plus, il reste une dizaine de monnaies en circulation sur les territoires libérés. Il faudra attendre encore deux ans pour que les banques en Mandchourie et en Mongolie n'aient plus d'émissions propres et que les billets spécifiques émis dans la région du Xinjiang (novembre 1951) soient retirés de la circulation. Bien qu'interdit par la Commission de contrôle militaire, les devises étrangères circulent encore puisqu'à l'approche des troupes communistes de nombreux

Chinois avaient thésaurisé les métaux précieux et les billets étrangers. Ces derniers remplissent dans le sud du pays, mieux encore que le renminbi, les trois fonctions attendues d'une monnaie (unité de compte, intermédiaire des échanges, réserve de valeur). Pour quelques mois, parmi les plus riches qui prendront s'ils le peuvent le chemin de l'île de Taiwan ou de la colonie britannique, le dollar de Hong Kong sert à compter et payer sur le continent. Ce n'est qu'en novembre 1951, avec une exception pour le Tibet (1957), que la «monnaie du peuple» devient la seule monnaie utilisée par les citoyens de la nouvelle République Populaire de Chine.

Les billets de cette première série seront retirés de la circulation entre le 1er avril et le 10 mai 1955. Ils seront désignés sous le terme d'« ancienne monnaie » ou « anciens yuans », en raison du taux de change de 10000 yuans pour 1 yuan de la 2e série (ou « nouvelle monnaie ») car la stabilisation du régime va de pair avec la volonté d'effacer les effets de l'inflation.

## 2. L'affirmation d'une banque communiste (1955-1978)

L'unification et la centralisation concernent aussi le système bancaire. Les banques privées dont les propriétaires ont fui vers Taiwan, Hong Kong ou d'autres pays sont dissoutes ou intégrées dans de nouvelles structures. Pour les quelques élites financières qui sont restées dans le pays, le « **front uni** » (统战, tongzhan) proposé en 1949 offre pour quelques mois l'illusion d'un partage de responsabilités entre communistes et non communistes pour assurer le développement économique. Les **partenariats public-privé** (公私合营, gongsiheying) apparaissent alors comme des pis-aller avant de découvrir que les places dans les conseils d'administration n'offrent que de maigres **dividendes** (分红, fenhong) et aucun pouvoir de décision et que le système bancaire n'a pas vocation à échapper à la socialisation des moyens de production.

Si le gouvernement s'efforce encore de séduire quelques banquiers, c'est pour récupérer les actifs des filiales des banques à l'étranger ou attirer les fonds des Chinois d'outre-mer, mais il n'y a, à cette époque, plus de place pour une banque privée dans «une démocratie populaire qui réalise la dictature démocratique du peuple». Soulignons que la centralisation du système bancaire fut aidée par les réformes nationalistes qui avaient dès 1935 renforcé l'interventionnisme de l'État dans les institutions de crédit. La banque privée chinoise fut atrophiée avec le Guomindang, elle disparaît avec le PCC lors de la socialisation des établissements en décembre 1952. Les banques étrangères qui n'avaient pas fui disparaissent : on ne dénombrait que deux banques américaines après la proclamation de la République populaire de Chine. Dans les zones rurales des coopératives de crédit sont créées.

Au début de l'année 1951, toutes les nouvelles activités de crédit sont captées par la nouvelle banque du peuple. D'une manière générale, les entreprises du «secteur capitaliste libre» représentent moins de 20% de la production industrielle en 1952 contre plus de 55% en 1949. Et leurs parts à vocation à diminuer. Pour l'instant, seul le petit commerce échappe à l'étatisation mais pas aux pressions fiscales et idéologiques. Mais très vite, un système quasi monobancaire se met en place. En août 1955, toutes les banques doivent transférer leurs cadres, la comptabilité et leurs actifs à la Banque populaire de Chine. Un an plus tard le secteur bancaire privé n'existe plus. D'ailleurs, en 1956, même les petits commerçants, les marchands ambulants ou les artisans « demandent » à entrer dans la société socialiste…

En septembre 1949, la loi avait intégré la Banque populaire de Chine avec les administrations relevant directement du gouvernement populaire central. Et, elle est aussi rattachée au Comité des finances et de l'économie. Le modèle des nouvelles élites économiques est celui d'un **système monobanque** (单一银行系统, danyi yinhang xitong) (1948-1978) qui, sur le modèle soviétique, contrôlerait tous les flux monétaires dans l'économie afin de vérifier leur conformité avec les directives de la planification. Dans l'esprit, la Banque populaire de Chine est un service administratif du ministère des Finances et ce dernier a la responsabilité de la planification centrale, donc de la fixation de tous les prix, y compris des taux d'intérêt, et des quantités, donc des flux de crédit. Elle restera un des rouages administratifs dominé par le Ministère des finances jusqu'en 1978.

Dans les faits, il faut intégrer les réticences de certains membres du bureau politique à déléguer tous les pouvoirs économiques, monétaires et financiers à un seul ministère et, surtout, les contraintes imposées au gouvernement pour améliorer le financement d'une société rurale qui est à la fois le groupe social le plus nombreux, l'assise de l'armée et le cœur de l'idéologie maoïste. Ainsi, les luttes internes restent vives pour définir les champs d'action respectifs de la nouvelle banque et du nouveau ministère.

Le **ministère des Finances** (财政部, caizheng bu) contrôle directement la **Banque populaire pour l'édification**, institution spécialisée dans les opérations prioritaires de la planification qui sert essentiellement à financer l'industrie de base, et la **Banque des Communications** (交通银行股份有限公司, jiaotong yinhang gufen youxian gongsi), placée sous sa direction le 1er mai 1952, pour intégrer les objectifs de la planification et gérer la perception des dividendes versées aux capitalistes restés sur le territoire. Elle financera, en collaboration avec les experts soviétiques, des travaux de construction d'infrastructures notamment dans le cadre du premier **plan quinquennal** (五年计划, wunian jihua) (1953-1957) centré sur l'industrie lourde.

Reprenant une partie des actifs de la Banque des communications, la **Banque populaire de construction de Chine** (中国人民建设银行, zhongguo renmin jianshe yinhang, CCB) est créée le 10 mai 1954 après le lancement du 1er plan quinquennal (1953-1957). C'est un bureau du ministère des Finances qui affecte des ressources aux entreprises de construction.

L'exemple de la Banque des Communication souligne les hésitations dans la constitution du système monobanque. D'ailleurs, dans le domaine bancaire, les indécisions du nouveau régime pour faire « du passé table rase » restent nombreuses. S'il veut liquider, au sens figuré comme au sens propre, les capitalistes, le gouvernement a besoin dans de nombreux domaines, notamment bancaire, de la « collaboration des ennemis de classe ». De plus, il découvrira que le système monobanque est peu adapté pour répondre aux particularités du financement des activités des paysans.

Les succursales de la Banque populaire de Chine forment, a priori, un réseau géographique mieux adapté à ces défis. En effet, la « banque du peuple » est organisée autour de deux circuits distincts : celui de la monnaie fiduciaire, les pièces et les billets, que l'on retire/dépose aux guichets destinés aux particuliers ; et celui de la monnaie scripturale, sous la forme de lignes de crédits, gérés par les guichets réservés aux entreprises et administrations. Bien que formellement sous la tutelle du ministère de Finances, la Banque populaire de Chine défend ses circuits de financement spécifiques via des banques distinctes :

• la **Banque de Chine** (BOC) qui prend un poids croissant dans les activités financières avec l'étranger. En 1952, le Bureau des affaires étrangères de la Banque populaire de Chine est fusionné avec la BOC qui est autorisée à se spécialiser dans les activités de change sous la direction de l'autorité de la nouvelle monétaire ;

• la **Banque mixte** créée « à la demande d'une soixantaine de banques privés afin de les aider dans le cours de la transformation socialiste » ;

• les **coopératives de crédit** qui sont essentiellement établies en milieu rural pour gérer les dépôts et les prêts des paysans. Ces différentes coopératives de crédit, d'approvisionnement et de commercialisation doivent participer au maillage de la population rurale.

Ces frontières seront relativement stables, sauf en matière de financement de l'activité rurale. Après des hésitations de création de banques dédiés, la Banque coopérative agricole (1952) ou la Banque agricole de Chine (1954), le Département des finances rurales de la banque du peuple créé en 1957 pour gérer les activités financières rurales faisant de la Banque populaire de Chine une « super banque agricole ». Il n'est donc pas neutre que le logo de la Banque populaire de Chine soit composé de trois «monnaies bêches» liées par leur pied. Ces **bêches monétaires** (铲币, chan bi) renvoient à une époque fondatrice de la Chine impériale, société agraire par excellence, mais aussi, pour l'œil chinois, à une lecture plus formelle puisque la forme d'un « 人 », qui apparaît autour et à l'intérieur du logo, est l'écriture stylisée du caractère pinyin « ren » qui signifie « homme » ou « être humain ». La multiplication de ces «ren» peut ainsi évoquer le «**peuple**» (人民, renmin) qui est au cœur du nom et de la mission de la **Banque populaire de Chine** (中国人民银行, zhongguo renming yinhang).

La deuxième série de RMB est mise en circulation le 1er mars 1955. Elle comprend 11 dénominations (1, 2, 5, 10, 20, 50 jiao et 1, 2, 3, 5 et 10 yuans). Pour faciliter la circulation fiduciaire, trois sortes de pièces (1, 2 et 5 jiao) ont été frappées pour circuler à partir du 1er décembre 1957. Au revers des billets, l'expression « Banque populaire de Chine » et la dénomination du billet est inscrite en langues ouïghoure, tibétaine et mongole[4]. Pour l'anecdote, cette deuxième série de RMB sera la seule à comprendre des coupures de 3 yuans.

Les billets de 1 yuan et de 5 yuans connaîtront des ajustements de motifs au début des années soixante. Comme la RPC n'a pas encore rompu les liens avec son voisin russe, les coupures ayant le montant nominal le plus élevé (3, 5 et 10 yuans) sont imprimées en Union soviétique pour bénéficier de techniques d'impression plus récentes.

Les désaccords en Mao Zedong (1893-1976) et Nikita S. Khrouchtchev (1894-1971) apparus au lendemain du XXe congrès du PCUS (1956) vont s'élargir sur la question idéologique du mouvement communiste mondial et, plus prosaïquement, des questions territoriales. Les dénonciations mutuelles de « révisionnisme », les tensions

---

[4] Il n'y a pas encore d'inscription en zhuang car cet alphabet n'a pas encore été normalisé.

dans les conférences internationales, les incidents aux frontières (Kirghizistan, fleuves Amour et Oussouri, etc.) ne semblaient pas, dans un premier temps, remettre en cause la coopération active entre les deux pays, notamment militaire (cf. Guerre de Corée), nucléaire (centrale, sous-marins, bombes, etc.) ou monétaire. Lorsque Le Quotidien du Peuple publie à partir d'avril 1960 une série d'articles pour le 90e anniversaire de la naissance de Lénine accusant la direction du Parti communiste d'Union soviétique (PCUS) de manquer d'ardeur révolutionnaire dans le Tiers Monde, la **querelle sino-soviétique** (中苏世仇, zhong su shichou) fut portée au grand jour. Elle se traduisit, entre autres, par le choix de l'ancien « grand frère soviétique » de rappeler, en juillet 1960, les 1600 conseillers soviétiques. Ce geste radical mettant fin à une longue décade de coopération puisque des ingénieurs et spécialistes soviétiques étaient présents dès en 1948[5]. Le retrait entraîna aussi l'annulation ou le ralentissement de plus de 250 projets de coopération. Cette « querelle » se traduisit aussi par l'impression de coupures de contrefaçons de 3, 5 et 10 yuans émis par les Soviétiques pour déstabiliser l'économie chinoise, notamment dans

---

[5] Les 300 premiers ingénieurs et spécialistes sont arrivés en 1948, sous la direction du général Ivan Vladimirovich Kovalev (1901-1993), spécialiste des transports routiers et ferroviaires, pour épauler les nouvelles élites techniques du régime.

l'ouest du pays, confirmant que la monnaie peut devenir une arme comme une autre. Les billets de la série 1953 imprimés en URSS seront donc retirés de la circulation en 1964 (les billets des autres séries auront une vie plus longue).

Ces opérations de déstabilisation restent circonscrites car la « monnaie du peuple » s'est imposée dans le pays. De plus, les billets ne sont pas les seuls instruments d'échange dans la Chine nouvelle. L'économie de guerre, le poids économique et social de l'armée, la constitution de groupes industriels et la mise en place de la planification à partir de 1953 ont entrainé la généralisation de **coupons d'approvisionnement** (供应券, gongying quan ou 供应票证, gongying piaozheng) pour la farine ou les tissus et autres certificats d'achats de charbon ou de nourriture, souvent distincts pour les urbains et les ruraux. Ces différents bons d'achat sont autant des droits de créance qui deviennent de fait la deuxième monnaie en circulation, bien qu'ils ne circulent pas dans tout le corps social et que leur légalité soit géographiquement circonscrite. Certains ménages urbains dépendront d'ailleurs de la délivrance de ces carnets et tickets, liés au système d'enregistrement de leur résidence, pour assurer leurs achats de base (céréales, huile de cuisson, etc.). Parce qu'ils sont un des vecteurs du contrôle social ou qu'ils permettent aux entreprises d'État de favoriser leurs salariés, nombre de ces coupons ne disparaîtront définitivement de la vie économique chinoise que quarante ans plus tard, dans les années quatre-vingt-dix.

Il faut alors penser le système financier chinois en 1955 comme un double circuit. Double circuit de circulation des signes monétaires : le RMB pour le peuple et les coupons pour les clientèles favorisées par le pouvoir. Double circuit administratif au sein duquel, la Banque populaire de Chine opère comme une administration bancaire mais sous l'autorité du ministère des Finances, qui veille à ses prérogatives fiscales et planificatrices et qui garde la priorité dans l'organisation administrative… sous réserve des réunions d'arbitrage se tiennent au sein des instances dirigeantes du PCC.

En 1958, le système bancaire est définitivement organisé autour de la Banque populaire de Chine qui possède des succursales dans tout le pays. Elle a alors cinq grandes missions :

• émettre la monnaie nationale, le renminbi (RMB) ;

• accorder des prêts à l'économie conformément au plan ;

• recevoir les dépôts des administrations, des entreprises, des coopératives et des particuliers ;

• gérer les devises et les règlements internationaux ;

• contrôler et réorganiser les différents établissements issus de l'absorption des banques à capitaux privés, puis mixtes et enfin publics.

La Banque populaire de Chine est devenue la principale institution monétaire du pays. A la fois banque centrale et banque commerciale elle contrôle plus de 90% des actifs financiers et la quasi-totalité des transactions financières officielles.

La troisième série du RMB est mise en circulation en avril 1962. Les billets des deuxième et troisième séries circuleront un temps simultanément (hormis les coupures de l'année 1953). Les dates d'émission des billets et de frappe des pièces s'étalent de 1962 à 1980. Après la rupture sino-soviétique, la troisième série de billets de banque est conçue et imprimée uniquement sur le territoire de la RPC. Il y a 7 dénominations et 13 versions.

Depuis 1955, les signes monétaires véhiculent les images d'une « Chine nouvelle » : industrialisation, mécanisation de l'agriculture, construction, réseaux de transport, etc. Les coupures représentants l'union des ouvriers (工人, gongren), des paysans (农民, nongmin), du médecin (医生, yisheng) et de l'intellectuel (知识分子, zhishi fenzi) soulignent les groupes sociaux et les professions valorisés par le pouvoir. L'idéologie imprimée sur les billets reste productiviste mais elle s'affirme davantage communiste. Les personnages sont résolument modernes confirmant le choix de compositions qui se concentrent sur la construction socialiste de la Chine nouvelle : les paysans et les éducateurs (1 jiao), le pont du fleuve Yangtsé (ou fleuve Bleu) à Wuhan (2 jiao), l'usine textile (5 jiao), la paysanne sur son tracteur (1 yuan), l'ouvrier tourneur (2 yuans) et le sidérurgiste en action (5 yuans). Les billets représentent donc une économie fondée sur l'agriculture et l'industrie dans laquelle l'industrie domine via la figure de l'ouvrier travaillant le métal qui se retrouve à la fois dans les coupures de 2 et 5 yuans.

De plus, avec cette troisième série, les diverses **minorités ethniques** (少数民族, shaoshu minzu) sont mises en scène avec les membres du Congrès national du peuple (10 yuans). Ces coupures seront surnommées la « **Grande Unité** » (大团结, datuan jie), en écho au discours de Mao Zedong intitulé « Vive la grande unité du peuple chinois » (30 septembre 1949). Les billets de la troisième série seront progressivement retirés de la circulation au milieu des années 1990 avant d'être démonétisés le 1er juillet 2000. Cette série se distingue donc par sa durée puisqu'ils circuleront près de 40 ans.

## 3. Devenir une banque de premier rang dans une « économie socialiste de marché » (1978-1999)

Le 1ᵉʳ janvier 1978, la séparation entre le ministère des Finances et la Banque populaire de Chine est officielle. Il s'agit, avec cette séparation, d'assurer le développement du secteur financier de manière « planifiée et progressive » dans le cadre de la politique de réforme économique et d'ouverture qui vient d'être amorcée.

La nouvelle orientation économique du régime communiste est celle d'une « **économie socialiste de marché** » (社会主义市场经济, shehui zhuyi shichang jingji) basée sur la propriété publique « avec la planification comme guide ». Ce « socialisme aux caractéristiques chinoises » (Zhao Ziyang) se traduira, entre autres, par la restructuration du système bancaire qui donne plus de liberté aux banques dites spécialisées, ou banques commerciales, qui deviennent plus indépendantes de la banque centrale. En effet, si la libéralisation souligne l'efficacité des mécanismes de marché dans l'allocation des biens et la création de **zones économiques spéciales** (经济特区, jingji tequ) attire les capitaux des Chinois d'outre-mer et des étrangers, la réforme du système bancaire doit introduire de nouvelles incitations pour tous les agents économiques. Les réflexions sur la spécialisation des banques commerciales et le niveau de leur indépendance animent donc les discussions au sein de la Banque populaire de Chine.

Une **banque centrale** (中央银行, zhongyang yinhang) est, quelle que soit son appellation (banque nationale, banque d'État, banque du peuple, de réserve, etc.) l'institution qui a pour principale fonction d'émettre de la monnaie et de contrôler la quantité en circulation. La **Banque populaire de Chine** (中国人民银行, zhongguo renmin yinhang), établie le 1er décembre 1948, ne deviendra officiellement la banque centrale du pays qu'en 1984 avec le vote de ses statuts.

A partir de cette date, elle se concentre sur les fonctions de banque centrale moderne, ses anciennes activités de crédits et dépôts seront essentiellement gérées par la Banque industrielle et commerciale de Chine (ICBC). De même, dans les campagnes, la Banque agricole de Chine (ABC) étend ses activités, notamment aux commerçants. Le 1er novembre 1985, la Banque industrielle et commerciale de Chine et la Banque agricole de Chine émettront leurs premières obligations.

En janvier 1986, une nouvelle régulation sur le fonctionnement des banques transfère toutes les activités de prêts à vocation commerciale de la Banque populaire de Chine aux nouvelles « banques spécialisées » (ABC, BOC, CCB et ICBC) qui, dans un premier temps, ne sont pas responsables de leurs pertes et dont les activités de prêts ne sont pas liées au risque de crédit des débiteurs. D'autres banques commerciales sont rétablies, comme la Banque des Communications (BoCom), ou créées comme la banque industrielle Citic et la banque Everbright.

Au début des années quatre-vingt-dix, la Banque populaire de Chine est uniquement responsable de la **politique monétaire** (货币政策, huobi zhengce) et de la **supervision des institutions financières** (金融监管机构, jinrong jianguan jigou). Les nouveaux défis qu'elle doit prendre en charge concerne alors :

• la transformation du système de contrôle des changes (fin du double contrôle des changes) ;

• la mutation du contrôle des institutions bancaires. On abandonne les méthodes de contrôle direct, comme le contrôle du crédit ou les anciennes mesures administratives, pour des mécanismes de contrôles indirects via taux d'intérêt et les réserves obligatoires ;

• la formation de banque de développement ou « **banques politiques** » (政策性银行, zhengce xing yinhang) spécialisées dans « prêts politiques » pour « libérer » les quatre grandes banques qui peuvent devenir pleinement des banques commerciales ;

• l'ouverture de l'industrie bancaire aux institutions étrangères.

Les billets (1, 2, 5 jiao et 1, 2, 5, 10, 50 et 100 yuans) et les pièces (1 et 5 jiao et 1 yuan) de la quatrième série introduite entre 1987 et 1997 accompagnent la hausse de la demande de monnaie liée au développement économique et aux taux de croissance élevés du **produit intérieur brut** (国内生产总值, guonei shengchan zong zhi).

Dès les premières lignes, le préambule de la Constitution chinoise souligne que « La Chine est l'un des plus anciens pays du monde. Ses diverses nationalités, qui ont toutes contribué à créer une brillante culture, possèdent de glorieuses traditions révolutionnaires. » Il intègre donc la diversité de la population dans une même « lutte ». La nouvelle série répond donc aussi au besoin d'unification politique d'une population nombreuse et diverse : « La République populaire de Chine est un État multinational unitaire, créé en commun par les diverses nationalités du pays. » (article 11).

Selon les critères choisis (culturels, géographiques, linguistiques, ethniques, religieux, etc.), on peut identifier une cinquantaine de groupes ou plus de 200 minorités (cf. minorités linguistiques). La reconnaissance administrative et les processus de (re)construction politique font qu'officiellement la RPC est composée de 56 ethnies, nations ou **nationalités** (民族, minzu) dont plus de 90%

sont des **Hans**[6] (汉族, han zu).

Parmi les centaines de langues identifiées dans le pays, le mongol, nom générique des langues de la famille ouralo-altaïque, le tibétain langue du même groupe que le birman dont l'écriture est empruntée à l'Inde du nord, le ouïghour parlé dans la région du Xinjiang qui appartient au groupe des langues turques de la famille des langues altaïques et les langues zhuang parlées dans la région du Guangxi et les zones limitrophes (Yunnan, Guangdong, Guizhou, Hunan) sont les langues valorisées sur les billets. La quatrième série célèbre plus largement la diversité du peuple chinois via les visages :

• d'hommes Miao (苗族) et Manchu (满族), 1 jiao ;

• de femmes Tujia (土家族) et Coréennes (朝鲜族), 2 jiao ;

• de femmes Miao (苗族) et Zhuang (壮族), 5 jiao ;

• de femmes Dong (东乡族) et Yao (瑶族), 1 yuan ;

• de femmes ouïghoures (维吾尔族) et Yi (彝族), 2 yuans ;

• d'une tibétaine (藏族) et d'un Hui (回族), 5 yuans ;

• d'hommes Han (汉族) et Mongols (蒙古族), 10 yuans ;

---

[6] Les Hans (汉族) forment le principal groupe ethnique et culturel du continent chinois et le plus important au monde avec 18% de la population mondiale.

A cet échantillon de la population, s'ajoute trois statuts professionnels : un ouvrier, une paysanne et un intellectuel (coupure de 50 yuans). Enfin, pour la coupure la plus importante (100 yuans), les visages en relief de **Mao Zedong** (毛泽东, 1893-1976), **Zhou Enlai** (周恩来, 1898-1976), **Liu Shaoqi** (刘少奇, 1898-1969) et **Zhu De** (朱德, 1886-1976) ; soit les « quatre personnes importantes pour la fondation de la République populaire de Chine ». Notons qu'au revers du billets de 100 yuans se trouve reproduite une gravure des **montagnes du Jinggang** (井冈山, jing gang shan), situées entre la province du Jiangxi et celle du Hunan, qui furent une des bases de l'Armée rouge des Ouvriers et Paysans et le «berceau de la révolution chinoise». Un poème de Mao, intitulé « Le Mont Jinggang », relate d'ailleurs ces faits d'armes :

> « Là-bas, on voit flotter nos drapeaux près des monts ;
> Des cimes, on entend résonner nos clairons.
> L'ennemi met sur nous tenaille sur tenaille,
> Mais toujours nous tenons, et sans bouger jamais. »

La nouvelle série réaffirme à la fois la prééminence des dirigeants historiques, qui apparaissent pour la première fois sur les billets depuis la fondation du régime, le développement économique et, surtout, l'unité de toutes les nationalités composant le peuple chinois. Bref, elle participe à la construction d'un socialisme aux caractéristiques chinoises sous la direction du PCC qui n'a jamais failli, même pendant les combats difficiles.

# CHAPITRE 2 -
# LA MONNAIE D'UNE PUISSANCE EMERGENTE (1999-2016)

L'année 1999 est celle de la mise en circulation de la cinquième série de renminbi (RMB). Ces nouvelles coupures se distinguent par l'omniprésence du visage du premier président de la République populaire de Chine (RPC) sur tous les billets de banque (**1.**).

Paradoxalement, ce monopole de la représentation monétaire ne doit pas masquer que la RPC s'est engagée, depuis la mort du « Grand Timonier », dans une autre voie que celle tracée dans les aspirations maoïstes. La politique de change est devenue centrale dans un pays qui, après son adhésion à l'Organisation mondiale du commerce (OMC) en 2001, privilégie un développement tiré par l'insertion des entreprises dans la mondialisation libérale (**2.**).

Si le régime de change de la RPC reste difficile à identifier, l'internationalisation de la monnaie chinoise se repère facilement avec la création de marché financier offshore sur lesquels s'échangent des titres en renminbi (**3.**).

## 1. Le visage souriant du « Grand Timonier »

La Banque populaire de Chine est, depuis sa fondation, responsable de la conception, de l'impression et de l'émission du RMB. Aujourd'hui, les billets de banque ayant cours légal dans la RPC sont ceux de la cinquième série (1999) qui comprend des coupures de 1, 5, 10, 20, 50 et 100 yuans et des billets de 1, 2 et 5 jiao. Des pièces de 1 yuan, 5 et 1 jiao, et plus rarement de 5, 2 et 1 fen circulent encore.

Cette cinquième série se distingue radicalement des autres par le fait que chaque billet sera illustré par un portrait, et un seul, celui du premier président de la RPC (1949-1959)[7].

Fils instruit d'un paysan aisé, **Mao Zedong** (毛泽东, 1893-1976) participe à la fondation du parti communiste chinois (PCC) en 1921. Il s'impose au sein du bureau politique en 1935 durant la **Longue Marche** (长征, changzheng), lors de la conférence de Zunyi. Il prendra officiellement les reines du parti le 20 mars 1943 et restera secrétaire général du PCC jusqu'à sa mort, le 9 septembre 1976.

Dans le vocabulaire de la marine marchande, le timonier est le marin qui tient le timon, ou barre du gouvernail, afin

---

[7] Président du Gouvernement populaire central chinois (du 1ᵉʳ octobre 1949 au 27 septembre 1954) puis Président de la république populaire de Chine (du 27 septembre 1954 au 28 avril 1959).

de garantir la bonne direction d'un navire. Renforcé par le qualificatif de « Grand » et les majuscules, la métaphore de «**Grand Timonier**» (伟大的舵手, weida de duoshou), donne à son destinataire l'aura du guide qui connaît le chemin et amènera son peuple, donc la nation chinoise, « à bon port ». Le culte de la personnalité (un seul homme gouverne la Chine) s'accentue avec le **Grand bond en avant** (1958-1960, 大跃进, da yue jin); la propagande masquant ainsi, comme il semble de coutume dans les régimes totalitaires, l'échec de la nouvelle orientation économique, et les famines qui suivirent, par l'éloge du grand ordonnateur du collectivisme industriel et agricole.

**Chen Boda** (陈伯达, 1904-1989) semble un des premiers thuriféraires de Mao à utiliser l'expression, en août 1966, au début de la **Grande révolution culturelle prolétarienne** (无产阶级文化大革命, wuchan jieji wenhua da geming) (1966-1976), en galvanisant la jeunesse manipulée pour restaurer le pouvoir du leader contesté par la bureaucratie[8]. Le culte de chef fut entretenu très tôt, comme l'illustre les affiches de propagande avant la création du régime et le défilé du 1er octobre 1959,

---

[8] Par exemple, le maréchal Peng Dehuai (1898-1974) dénoncera dans une lettre ouverte les effets du Grand Bond en avant dans les campagnes comme une politique radicale qui témoigne du « fanatisme petit-bourgeois ». Pendant la Révolution culturelle, il tentera de se suicider après son arrestation par les Gardes rouges.

marquant le 10ᵉ anniversaire de la création de la RPC, où la foule scandait « **dix mille ans** »[9] (万岁, wan sui), comme au temps où l'on souhaitait « longue vie » à l'empereur de la Chine impériale. Pourtant, cette personnalisation du pouvoir n'apparaissait pas sur les supports monétaires du vivant de l'empereur rouge.

Lorsque l'impression de trois premières coupures (10, 20 et 50 yuans) de la 1ère série de renminbi fut planifiée en 1948, avant la fondation du régime, il ne faisait aucun doute pour Dong Biwu et Nan Hanchen que le portrait de Mao Zedong doive s'imposer sur les nouveaux billets, conformément à la pratique soviétique ou aux premières coupures émises dans les années trente qui mettaient en avant les « représentants du peuple ». Pourtant, le secrétaire général du PCC refusa l'impression de son portrait puisque « les billets sont émis par le gouvernement, pas par le parti » ! Et, devenu président du Gouvernement populaire central chinois, il réitéra son refus de l'impression de son image tout comme l'utilisation des noms d'autres dirigeants ou de noms de villes.

L'inscription d'un culte de la personnalité post-mortem sur les signes monétaires apparaît donc à la fois

---

[9] On s'adressait à l'Empereur par le titre de «Seigneur des dix mille ans» (万岁爷, wansuiye). On retrouvera ce terme sous la révolution culturelle (1966-1976), le terme de « seigneur » étant remplacé par «Président Mao» (毛主席万岁, Máo zhuxi wansui).

tardive et « totale » puisque que seul le « Soleil rouge », comme la couleur du communisme ou celle du billet de 100 yuans, a l'honneur d'être manipulé par plus d'un milliard d'individus chaque jour.

La présence de visages humains sur les billets de banque n'est jamais anodine. Elle est un des éléments qui visent à renforcer le sentiment national et la familiarité de ces personnages finit par créer ce que le politologue Benedict Anderson (1936-2015) appelait la « **communauté imaginée** » (想象中的共同体, xiangxiang zhong de gongtongti). Cette remarque vaut pour les figures politiques précédentes mais interroge davantage pour le fondateur de la RPC. En effet, il est apriori surprenant qu'au XXIe siècle le visage jeune et souriant du « Grand timonier » conduise la Chine… vers de nouvelles eaux d'un capitalisme d'État qui, même désigné sous l'appellation officielle d'une « économie socialiste de marché », reste bien éloigné des rêves maoïstes. Il est aussi cocasse de noter que l'auteur de De la contradiction (1937) ait l'hommage de la banque centrale alors qu'il avait de son vivant refusé qu'on imprime son portrait sur les billets et que, dans son passé de jeune révolutionnaire, il voulait abolir la monnaie comme nombre de penseurs socialistes qui affirmaient que, dans une économie planifiée, on devait répartir directement les marchandises sans l'intermédiaire de pièces ou de billets.
Pour comprendre ce qui peut apparaître comme un

paradoxe ou, dans le vocabulaire des maoïstes, un «déviationnisme de droite», soulignons d'abord que les nouvelles générations d'élites communistes au sein du Conseil des affaires d'État ont surtout évincé ses anciens compagnons de lutte Zhou Enlai, Liu Shaoqi et Zhu De qui avaient les honneurs, avec Mao Zedong, du billet de 100 yuans dans la série précédente. Seul survivant de cette « purge monétaire » symbolique, l'omniprésence du leader rouge sur la monnaie fiduciaire peut sembler éternelle puisque son visage apparaît maintenant dans les applications mobiles distribuant les nouveaux yuans numériques. Pourtant, en 2006, des représentants de l'Assemblée nationale populaire (ANP) ont proposé d'introduire de nouveaux visages sur les billets de banques : les noms de **Deng Xiaoping** (邓小平, 1904-1997), considéré comme le « père » des réformes économiques, ou de **Sun Yat-sen** (孫逸仙 ou Sun Zhongshan, 孫中山, 1866 - 1925), le « père » de la révolution de 1911, dont le buste a longtemps illustré les billets de la République de Chine, ont été avancés mais ces propositions n'ont pas été transformées en loi.

Puisque le Grand leader a évincé les autres figures politiques mais aussi les travailleurs agricoles ou industriels et les visages issus des minorités ethniques, avançons une hypothèse : cette « politisation totale » par la personnification des signes monétaires fut peut-être un des pare-feux des élites modernisatrices pour se prémunir d'une contestation au sein du parti voire de certains groupes sociaux déclassés par les fermetures d'entreprises liées à la libéralisation de l'économie, aux licenciements dans les conglomérats publics peu productifs ou aux plans sociaux dans les administrations au personnel pléthorique. Dans un pays engagé dans des politiques de réformes basées sur l'introduction des mécanismes marchands et l'ouverture aux échanges commerciaux vers l'extérieur, la politique monétaire et financière s'accompagne forcément de ruptures avec les échanges monétaires passés. A l'encontre du programme maoïste de construction du socialisme basé sur l'autosuffisance et la mobilisation des masses, elle nécessite davantage de monnaie en circulation. Or, imprimer le visage de Mao sur les principaux signes monétaires, dans un pays où les citoyens s'interdisaient tout comportement irrévérencieux avec les images du «Grand dirigeant», rend plus difficile la critique de cette monétarisation de l'économie qui se manifeste par la multiplication de billets de banque. On sacralise le fondateur pour masquer, à l'image de ces billets de 100 yuans au début des années 2000, la violence des écarts de richesses entre les citoyens qui se manifestent aussi par l'accumulation des signes monétaires.

Enfin, esquissons une prospective. Lorsque l'ANP proposa les noms de Sun Yat-sen ou Deng Xiaoping, c'est parce qu'ils étaient, avec Mao Zedong, les seuls personnages nommément cités dans le préambule de la Constitution de la RPC. Avec le 5e amendement du 11 mars 2018, une nouvelle figure peut prétendre aux cultes monétaires : celle de **Xi Jinping** (习近平, 1953-)[10].

---

[10] « Les différentes nationalités de Chine, dirigées par le parti communiste chinois et guidées par le Marxisme-Léninisme, la pensée de Mao Zedong, la théorie de Deng Xiaoping, l'important principe des « Trois Représentations », le concept scientifique de développement et la pensée de Xi Jinping sur le socialisme de style chinois de l'ère nouvelle, maintiendront la dictature démocratique populaire, poursuivront dans la voie socialiste, dans la politique de réforme et d'ouverture sur le monde extérieur, ... » (préambule de la Constitution chinoise)

## 2. Vers une flexibilité limitée du taux de change

Un **régime de change** (汇率制度, huilü zhidu) est l'ensemble des règles qui déterminent les éventuelles interventions des autorités monétaires sur le marché des changes, donc le comportement du taux de change.
On distingue classiquement les **régimes de change fixe** (固定汇率制度, guding huilü zhidu), lorsque les autorités monétaires s'engagent sur une parité de référence entre la monnaie du pays et une devise (ou un panier de monnaies) et les **régimes de change flexible** (浮动汇率制度, fudong huilü zhidu) lorsque les autorités monétaires n'ont pris aucun engagement pour maintenir le cours de leur monnaie par rapport aux autres devises, laissant son cours se fixer en fonction de l'offre et de la demande sur le marché des changes. Entre ces deux régimes, on identifie des **régimes de change intermédiaires** (中间汇率制, zhongjian huilü zhi).

Si, dans les premiers mois de la prise du pouvoir, le régime de change est celui du flottement de la nouvelle devise, très vite, le nouveau régime va privilégier la fixité du taux de change.

Les premières cotations de la nouvelle monnaie sont identifiées à Tianjin, le 18 janvier 1949 après le contrôle de l'ancien centre financier du nord par les soldats de l'Armée populaire de libération (APL). La fuite des armées nationalistes et l'enchaînement des victoires n'empêchent pas la dévaluation de la monnaie d'une autorité engagée dans une guerre civile. Les destructions et l'application des méthodes de gestion socialiste (limitation de la circulation des biens, contrôlent des marchés, saisies des actifs des banques et des capitalistes, menaces physiques, etc.) ne rassurent pas les étrangers sur la valeur de la « monnaie du peuple » dont le **taux de change** (汇率, huilü) enregistre alors de violentes fluctuations face au **dollar des États-Unis** (美国美元, meiguo meiyuan ou 美元, meiyuan).

Entre les années 1949 et 1952, le taux de change du RMB devait évoluer sur la base de la parité des pouvoirs d'achat ; dans la pratique, la valeur externe de la monnaie du régime communiste flottera et sera encore bousculée par l'embargo des Nations Unies pendant la Guerre de Corée (25 juin 1950-27 juillet 1953). Le nouveau **Conseil des affaires d'État de la RPC** (中华人民共和国国务院, zhonghua renmin gongheguo guo wu yuan) dirigé par **Zhou Enlai** (周恩来, 1898-1976), composé alors de 15 membres et 4 vice-présidents, décide de suspendre la publication du taux de change avec le dollar des États-Unis en 1952. La référence du gouvernement sera la parité avec la **livre-sterling** (英镑, yingbang). Toutefois, dès 1953, l'inconvertibilité de la monnaie est décidée et le contrôle des changes est imposé de manière drastique. La RPC a alors un **régime de taux de change fixe** (固定汇率制度, guding huilü zhidu) : la parité officielle est fixée à 2,4618 RMB pour un dollar des États-Unis le 15 juin 1955. Elle restera inchangée malgré les désastres économiques du Grand bond en avant (1958-1960), les famines qui suivirent, ou les désorganisations de la production lors de la Grande révolution culturelle prolétarienne (1966-1976). Les plans quinquennaux changeront peu le prix externe de la monnaie puisqu'entre 1955 et 1971, le taux de change s'établit entre 2,46 et 2,27 yuans par dollar. Et, dans un geste aussi obscur qu'inattendu, le gouvernement décide, avec la fin du système de Bretton Woods... de réévaluer la valeur de sa monnaie par rapport au dollar. Après cette nouvelle réévaluation du renminbi, la valeur externe par rapport au dollar restera fixe jusqu'en 1979. Même les décès de Zhou Enlai et de Mao Zedong en janvier et septembre 1976 n'auront pas d'effet sur l'évolution officielle du taux de change de la devise chinoise. La logique de cette politique de change réside dans le choix d'importer aux prix les plus faibles possibles les équipements destinés, à terme, à garantir l'indépendance économique.

Les réformes engagées sous la houlette de **Deng Xiaoping** (邓小平, 1904-1997) supposent de redéfinir les règles de la fixation de la valeur externe du renminbi. Les débats sur le régime de change de la nouvelle Chine vont prendre une place croissante au sein des élites économiques et politiques lorsque le pays s'engage dans une politique de développement par promotion des exportations. Membre de l'accord multifibres (AMF) en 1983, la RPC obtient le statut d'observateur permanent auprès du l'**Accord général sur les tarifs douaniers et le commerce** (ou GATT - General Agreement on Tariffs and Trade) (关税和贸易总协定, guanshui he maoyi zong xieding) signé le 30 octobre 1947 pour harmoniser les politiques douanières des parties signataires. Après les massacres de la place Tian'anmen (1989), la diplomatie chinoise relance les discussions sur « la réintégration de la Chine au GATT » (1992) d'autant que Taïwan dépose sa candidature comme territoire douanier distinct. Avec la création de l'**Organisation mondiale du commerce** (OMC) (世界商业组织, shijie shangye zuzhi) au 1er janvier 1995, le gouvernement chinois négocie pour intégrer la nouvelle instance chargée d'établir les règles régissant le commerce international entre les pays membres et de régler les différends commerciaux entre les pays. Le 11 décembre 2001, la République populaire de Chine devient le 143e membre de l'OMC[11]. Cette reconnaissance diplomatique témoigne du désir de la Chine, et de ses partenaires commerciaux, de favoriser le

---

[11] Taïwan intègre l'organisation en janvier 2002 en tant que « territoire douanier distinct de Taïwan, Penghu, Kimmen et Matsu ».

développement économique via l'insertion dans la division internationale du travail et les **chaînes de valeur mondiales** (全球价值链, quanqiu jiazhi lian) qui se mettent en place.

Les premières difficultés pour comprendre le régime de change chinois viendront de l'écart entre les déclarations officielles du gouvernement chinois et les (faibles) évolutions du taux de change constatées sur le marché. Bref, pour reprendre la terminologie du **Fonds monétaire international** (FMI) (国际货币基金组织, guoji huobi jijin zuzhi), les différences entre le régime de change « de jure », déclaré au Fonds, et celui rencontré « de facto » sur le marché des changes. S'annonce alors une longue période, qui dure encore, d'exégèses pour déterminer la nature du régime de change chinois.

En 1981, le mouvement d'appréciation du taux de change s'inverse avec la dépréciation pendant près de 15 années de la monnaie chinoise vis-à-vis de la devise américaine. En octobre 1986, le FMI classe le régime de change chinois comme régime de change flottant administré. Administré, le taux de change l'est de fait depuis les années cinquante ! Néanmoins, le gouvernement chinois défendra l'idée, en 1991, que son régime de change est d'abord un régime de flottement… Entre 1994-2005, c'est la stabilité du taux de change avec un cours qui reste fixé autour 8,28 yuans par dollar pendant plus de 8 ans (septembre 1997 à juillet 2005) qui caractérise de fait le régime de change.

Soulignons que pendant la **crise financière asiatique** (亚洲金融危机, yazhou jinrong weiji) et les **dévaluations** (贬值, bianzhi) monétaires qui ont suivi en Asie du Sud-Est en septembre 1997, la Banque populaire de Chine maintiendra son taux de change à 8,28 yuans par dollar alors que de nombreux pays s'attendaient à ce qu'elle dévalue sa monnaie pour stimuler ses exportations. Lorsque tous ses concurrents optaient pour des stratégies de change non coopératives pour améliorer leur balance commerciale, **Zhu Rongji** (朱镕基, 1928-, Premier ministre du 17 mars 1998 au 16 mars 2003) s'engagea à ce que la RPC maintienne sa parité à 8,28 yuans par dollar, cédant ainsi des parts de marché à ses voisins asiatiques mais signalant à ses partenaires commerciaux que le gouvernement chinois était un allié économiquement responsable.

Le 21 juillet 2005, le gouvernement chinois, après une réévaluation de 2,1%, reprend la réforme entreprise dix ans plus tôt en faisant varier le taux de change du RMB à l'intérieur d'une bande de fluctuation étroite (± 0,3%) établie à partir d'un panier de monnaies dont le contenu n'est pas rendu public. En mai 2007, la bande de fluctuation quotidienne du renminbi contre le dollar des

États-Unis est élargie de ± 0,3% à ± 0,5%.

Avec la **crise financière mondiale de 2008** (2008年环球金融危机, 2008 nian huanqiu jinrong weiji), le taux de change USD/CNY se fige à 6,83 yuans par dollar. La RPC adopte de nouveau un régime de change quasi-fixe jusqu'à la mi-juin 2010. En juillet 2010, elle revient à un flottement géré (« managed float ») et la bande de flottement s'élargit à ± 1%.

A partir de la fin de l'année 2013, les autorités monétaires s'engagent à intervenir le moins possible sur le marché des changes. En février 2014, la Banque populaire de Chine déprécie le taux de change à 6,06 yuans par dollars et, en mars, l'élargissement de la fourchette de fluctuation journalière du taux de change RMB/USD à plus ou moins 2% donne un rôle plus important aux fluctuations du marché.

En 20 ans (1994-2014), la République populaire de Chine a accompagné, en l'encadrant voire la ralentissant parfois, l'appréciation du yuan. Le régime de change fut transformé d'un régime de taux de change multiple fixe à un régime de flottement contrôlé. Toutefois, le choix du régime de change ne fut qu'un outil pour mener cet objectif d'appréciation maîtrisée.

Lors de sa revue de 2014, le FMI classera le régime de change chinois comme un régime de « parité mobile ou ajustable ». D'ailleurs, entre 2014-2017, la tendance est à la réévaluation du yuan par rapport au dollar, malgré des dévaluations surprises. A partir de 2018, le régime de change chinois est difficilement appréhendé par les économistes du Fonds qui l'inscrivent dans des catégories résiduelles (« autre arrangement géré » ou « autres régimes conventionnels de parité fixe »).

Les années 2005-2020 marquent donc l'abandon progressive des taux de change fixe de la devise chinoise par rapport à la monnaie américaine : la flexibilité est au cœur de l'agenda chinois. Elle se confirme les années suivantes puisque le taux de change moyen passe de 7,1 yuans par dollar au milieu de l'année 2020 à 6,3 yuans par dollar au milieu de l'année 2022.

En 2023, selon la Banque populaire de Chine, le régime de change chinois est un régime de flottement gérés basé sur l'offre et la demande du marché et ajusté par rapport à un panier de devises avec une bande flottante fixée à 2% autour du dollar. Ce régime de « flottement géré » (« managed floating ») déclaré par les autorités chinoises serait, en fait, selon le FMI, un régime de parité mobile ou ajustable (« crawl-like arrangement »).

## 3. CNY et CNH, monnaies d'un régime communiste qui se réforme

Le **renminbi** (人民币), la monnaie officielle de la République populaire de Chine, a **cours légal** (法定货币, fading huobi) en Chine continentale. Le **yuan** (元) est son l'unité monétaire. Notons que le symbole « 元 » est aussi utilisé pour les monnaies japonaises et coréennes et il permet de traduire, en chinois, les unités monétaires des autres pays : **dollar des États-Unis** (美元, meiyuan) ou yuan américain et l'**euro** (欧元, ouyuan) ou yuan européen. Le symbole latinisé du yuan est « ¥ », soit un Y majuscule avec une double barre bien que certaines écritures n'aient qu'une seule barre horizontale ¥ afin d'éviter toute confusion avec le symbole de la monnaie japonaise.

Selon l'International Standard Organisation (ISO), le code international (norme ISO 4217) de la devise chinoise est CNY (CN pour China et Y pour yuan). Il est parfois traduit par **RMB onshore** (在岸人民币, zai an renminbi).

RMB, CNY et RMB onshore sont donc des équivalents, le premier sigle étant surtout utilisé dans le pays, le second par les acteurs des marchés financiers internationaux. Pour les traders, la devise chinoise est parfois repérée par les sigles CNY SAEC ou CNY01 qui font référence au taux de change spot du RMB avec le dollar des États-Unis pour un règlement dans les deux jours ouvrables tel qu'il apparaît sur les écrans Reuters à la page SAEC face au symbole « USD/CNY= » à 17 heures, heure de Pékin.

**L'internationalisation** (国际化, guoji hua) d'une monnaie passe souvent par le développent de **places financières offshore** (离岸金融中心, li an jinrong zhongxin), pays ou juridictions dont les institutions financières effectuent de nombreuses opérations avec les non-résidents, dans lesquels des agents non-résidents échangent directement cette devise et des titres libellés dans cette unité monétaire.

Dans le cas de la RPC, les avantages recherchés dans l'établissement d'une place financière offshore pour les transactions en yuans ne sont pas fiscaux mais visent à maîtriser l'internationalisation de sa monnaie.

Le **renminbi offshore** (香港离岸人民币, xianggang li an renminbi), ou CNH, est le renminbi qui se traite uniquement à l'extérieur du continent. L'acronyme renvoie à un code monétaire inventé sur le modèle ISO 4217 pour relier les abréviations de China (CN) et Hong Kong (H).

Ce yuan extraterritorial a été inauguré le 19 juillet 2010 par l'**Autorité Monétaire de Hong Kong** (香港金融管理局,

Xiangkang jinrong ganli ju ou HKMA - Hong Kong Monetary Authority).

Le CNH est échangé sur le marché interbancaire de Hong Kong. Il est régulé par la HKMA mais les échanges sur d'autres places financières ne sont pas interdits. Le CNH, ou renminbi livrable à Hong Kong, peut être échangé contre toutes autres devises convertibles contrairement au renminbi (CNY) qui connaît des restrictions de change puisqu'il n'est pas librement livrable sur un marché à terme et reste non totalement convertible pour les opérations en capital.

| Contrôle des capitaux | Contrôle des capitaux | |
|---|---|---|
| **CNH**<br>(Asie)<br>*Offshore* | **CNY**<br>*Onshore* | **CNH**<br>(Europe)<br>*Offshore* |
| **Hong Kong** | | **Londres** |
| | **Chine continentale** | |
| **Singapour** | | **Luxembourg** |

Le taux de change du CNH est considéré être moins contrôlé par la banque centrale chinoise donc davantage orienté par les forces du marché. De fait, il est plus **volatile** (波动, bidong) que celui du CNY lors de l'occurrence d'un même événement. Toutefois, ces deux prix doivent progresser dans la même direction et connaître des fluctuations de même ampleur. En effet, les variations de ces taux de change sont corrélées, car liées aux anticipations de la politique monétaire chinoise. Les cours du dollar des États-Unis (USD) en yuan offshore (CNH) et en renminbi (CNY) sont donc proches mais pas toujours égaux.

La Banque de Chine à Hong Kong (BOCHK) est l'institution de référence pour alimenter le marché interbancaire en CNH. Elle est aussi la **banque de compensation** (清算银行, qinsuan yinhang) pour les banques qui doivent conserver 25% des engagements de leurs clients en espèce.

Soulignons que le CNH n'est pas une nouvelle monnaie ! C'est la même devise que celle qui circule sur le continent chinois. C'est un renminbi échangé sur un marché différent (d'où l'expression de « RMB offshore »), avec une réglementation et des acteurs propres, voire avec un taux de change différent que le renminbi du continent (« RMB onshore »).

# CHAPITRE 3 -
# LE FUTUR INTERNATIONAL
# ET NUMÉRIQUE DU YUAN (2016 - )

L'affirmation et le professionnalisme de la diplomatie chinoise ont permis que la « monnaie du peuple » s'impose dans les institutions financières internationales (IFI), notamment le Fonds monétaire international (FMI) (**1.**).

La maîtrise des innovations numériques et une vision stratégique à moyen terme permettent à la République populaire de Chine (RPC) de devenir la première puissance économique à émettre, sur une large échelle, une monnaie numérique de banque centrale (MNBC) (**2.**).

Le développement de nouvelles technologies financières et les ambitions du gouvernement chinois ont des effets sur le système financier international. Ils invitent à interroger la suprématie du dollar dans le système monétaire international (SMI) (**3.**).

# 1. L'inclusion du renminbi (RMB) dans les droits de tirage spéciaux (DTS)

La République populaire de Chine (RPC) restera longtemps méfiante envers les institutions économiques multilatérales qui accueillent la République de Chine (Taiwan). Toutefois, elle amorce un revirement en 1971 qui va s'accélérer à la fin des années 1970, avec la politique de réforme et d'ouverture lancée par **Deng Xiaoping** (邓小平, 1904-1997). Le 25 octobre 1971, la 26e session de l'Assemblée générale des Nations unies adopte la décision no 2758 qui intègre l'État communiste au sein des Nations unies. Le 15 novembre, une délégation menée par **Qiao Guanhua** (乔冠华, 1913-1983) participe pour la première fois à l'Assemblée générale du principal forum mondial... qui ne comprenait plus le pays le plus peuplé de la planète !

Les Statuts du Fonds monétaire international (FMI) et de la Banque mondiale furent rédigés à la Conférence monétaire et financière internationale de Bretton Woods, New Hampshire (États-Unis) en juillet 1944. La République de Chine (1912-1949) est l'un des 44 pays signataires qui veulent établir un cadre de coopération économique afin de garantir la stabilité du système monétaire international. Le Fonds commence à exercer ses activités par un prêt de 25 millions de dollars à la

France. La fondation de la République populaire de Chine ne changera que lentement la gouvernance de ces institutions financières internationales. Près de trente-cinq ans plus tard, le Conseil d'administration du Fonds monétaire international (FMI) reconnaît la qualité de pays membre à la RPC, répondant à une demande des autorités chinoises exprimée depuis le milieu des années soixante-dix. En devenant membre de l'institution financière internationale en 1980[12], la RPC gagne une nouvelle bataille diplomatique ; toutefois, l'adhésion au Fonds n'était pas le premier objectif visé par les autorités chinoises, quoique la récupération des avoirs en devises et en or de la Chine soit une opportunité tout comme la possibilité de bénéficier des instruments de financement du Fonds[13]. Néanmoins, l'essentiel pour la RPC était d'adhérer au **Groupe Banque mondiale** (世界银行集团, shijie yinhang jituan) qui offre un accès à des prêts à faible taux d'intérêt, via l'Agence internationale de

---

[12] Ici, Taïwan est évincé du FMI (contrairement à l'OMC) mais le Fonds publie les données de Taïwan sous le nom de « Taiwan Province of China ».

[13] La République populaire de Chine (RPC) bénéficiera des accords de confirmation du Fonds monétaire international. Créé en juin 1952, l'accord de confirmation (AC) ou Stand-By Arrangement (SBA) du FMI est un instrument de prêt d'une durée moyenne de 12 à 24 mois visant à aider les pays à surmonter leurs problèmes de balance des paiements en cas de crise économique. En mars 1981, pour un montant de 450 millions de DTS, puis en novembre 1986, pour 597,7 millions de DTS, la RPC accède à cet instrument de prêt.

développement, pour les pays en voie de développement. En octobre 1950, Nan Hanchen, le premier gouverneur de la Banque populaire de Chine, avait écrit au président de la **Banque internationale pour la reconstruction et le développement** (BIRD) (国际复兴开发银行, guoji fuxing kaifa yinhang) que les droits de la Chine sur la banque de financement appartenait au « peuple chinois », donc à la RPC. Cette revendication s'accompagne maintenant de recherches de financements pour les nouveaux programmes de développement.

Aujourd'hui, le FMI à deux missions principales : promouvoir la coopération monétaire internationale et favoriser l'expansion du commerce international et de la croissance économique. Dans ce cadre, les **droits de tirage spéciaux** (DTS) (特别提款权, tebie ti kuan quan) furent créés en 1969. Leurs valeurs étaient exprimées en or. Après la fin du système de Bretton Woods (1971), la composition du DTS a changé pour inclure les monnaies des pays en croissance ayant pris une part importante dans les exportations de biens et de services. En 1981, le nombre de monnaies composant le panier des DTS est réduit de 16 monnaies à cinq : le dollar américain, le yen japonais, le mark allemand, la livre sterling et le franc français. En 1999, l'euro a remplacé les deux monnaies de la zone euro (mark allemand et le franc français) et le DTS est devenu un panier composé de quatre monnaies.

Trente ans après son adhésion au Fonds, la RPC, soutenue par la Russie, l'Inde et le Brésil, entre dans les instances de direction de l'institution financière internationale (IFI). Le 26 juillet 2011, l'ancien vice-gouverneur de la Banque populaire de Chine qui avait débuté sa carrière au sein de la Banque de Chine (BOC), **Zhu Min**[14] (朱民, 1952) est nommé Directeur général adjoint du FMI par Christine Lagarde qui vient de créer ce nouveau poste ad hoc. Cette nomination (2011-2016) permet à la fois de donner aux pays émergent un rôle plus important au sein de l'institution et de satisfaire la RPC dont le poids économique est croissant et dont la diplomatie financière ne cache plus le désir de contourner les IFI issues de Bretton Woods. De surcroît, cette création de poste permet aussi de contourner le blocage du Japon et d'offrir à l'Asie deux des principaux postes de

---

[14] Né en 1952, à Shanghai, Zhu Min (朱民, 1952) est adolescent pendant la révolution culturelle (1966-1976). Il sera contraint d'abandonner le lycée et de travailler comme chauffeur de camion dans une conserverie jusqu'en 1977. La réouverture des admissions universitaires lui permettra d'être admis au département d'économie de l'université Fudan en 1982. Après sa licence d'économie il étudiera aux États-Unis à partir de 1985, obtenant une maîtrise en administration publique de l'École d'affaires publiques et internationales Woodrow Wilson de l'université de Princeton, et une maîtrise en économie appliquée et un doctorat en économie de l'université Johns Hopkins. Zhu Min est le premier ressortissant de la République populaire de Chine nommé Directeur général adjoint du Fonds monétaire international (2011-2016).

direction. Cinq ans après cette nomination, le RMB est l'une des cinq monnaies formant le panier de DTS.

Depuis 2015, les devises composant le panier de DTS doivent être «librement utilisables», «largement utilisée pour régler des transactions internationales» et «couramment négociées sur les principaux marchés des change». Le renminbi (RMB) sera reconnu par le Conseil d'administration du FMI comme possédant ces trois qualités. Il peut donc être inclus dans le panier. La formule de pondération d'une monnaie prend en compte la valeur des exportations de biens et de services pendant les cinq années précédentes ainsi que des données financières (réserves officielles détenues par d'autres autorités monétaires, volume des opérations de change, encours des engagements bancaires internationaux, etc.).

Le 1er octobre 2016, le panier de monnaies des droits de tirage spéciaux (DTS) du Fonds monétaire international (FMI) est élargi pour inclure le RMB comme cinquième monnaie. Le renminbi, maintenant considéré comme une monnaie « **librement utilisable** » (可自由使用, ke ziyou shiyong), est la cinquième monnaie avec une pondération de 10,92%, aux côtés du dollar des États-Unis (41,73%), de l'euro (30,93%), du yen (8,33%) et de la livre sterling (8,09%). La valeur du DTS sera égale à la somme des valeurs des montants de chaque monnaie : 0,58252 dollar des États-Unis, 0,38671 euro, 1,0174 yuan, 11900 yens et 0,085946 livre sterling. Le taux d'intérêt du DTS reflètera ce nouveau panier du DTS en incluant un taux d'intérêt représentatif pour le renminbi.

Pour Christine Lagarde, alors directrice générale du FMI, il s'agit d'un « jalon important et historique pour le DTS, le FMI, la Chine et le système monétaire international ». Tout d'abord, parce que c'est la première fois depuis l'adoption de l'euro qu'une monnaie est ajoutée au panier. Ensuite, parce que l'inclusion de la monnaie chinoise témoigne du changement de statut diplomatique et financier de la RPC. Enfin, parce que le Fonds, souvent critiqué sur ce point, donne une place plus large à un pays émergent dans le système monétaire et financier international. La recherche du prestige diplomatique n'est pas univoque. L'inclusion du RMB dans le panier de DTS a renforcé le FMI face aux critiques portant sur sa gouvernance et sa lenteur à accorder une plus large place aux grandes puissances émergentes d'Afrique ou d'Asie.

La dernière révision de la méthode d'évaluation du DTS du 1er août 2022 confirme et raffermi le statut de devise de réserve internationale puisque le poids de la Chine dans le commerce mondial est croissant. Deux optiques ont encadré la réflexion depuis la première évaluation du poids du RMB dans le panier de monnaies du DTS, la première met l'accent sur les performances à un instant donnée (poids dans le commerce mondial, dans les flux de capitaux, etc.). La seconde se concentre moins sur le poids à un instant t que sur la stabilité des performances. Dans les deux optiques, le poids du renminbi doit se renforcer. Il passe donc de 10,92% à 12,28% derrière le dollar des États-Unis (43,38%) et l'euro (29,31%) mais devant le yen (7,59%) et la livre sterling (7,44%).

L'inclusion du RMB dans le panier de DTS renouvelle les réflexions sur les avoirs de réserves et leur gestion par les autorités monétaires.

Les **avoirs de réserve** (外汇储备, waihui chubei) sont «des actifs extérieurs qui sont facilement disponibles et contrôlés par les autorités monétaires pour répondre aux besoins de financement de la balance des paiements, pour intervenir sur les marchés des changes, pour influer sur le taux de change et à d'autres fins connexes (comme le maintien de la confiance dans la monnaie et l'économie, et en servant de base aux emprunts extérieurs). » Ces réserves de change sont donc constituées des actifs sur l'étranger dont les autorités nationales peuvent disposer immédiatement comme l'or monétaire, les droits de tirage spéciaux (DTS), la position de réserve au FMI, les devises étrangères et les autres créances.

La République populaire de Chine (RPC) est le principal détenteur de réserves de change au monde avec près de 3500 milliards de dollars des États-Unis de réserves de change en 2022. Ces avoirs sont essentiellement composés de bons du Trésor américain. La même année, la RPC détient plus de 10 milliards de dollars en position de réserve au sein du FMI et 51,3 milliards de dollars en DTS. Soulignons que la banque centrale chinoise est aussi un important détenteur d'or avec plus de 107 milliards de réserves d'or officiel en 2022. Si au début des réformes, le pays se singularisait par un endettement en devises, l'accumulation d'excédents commerciaux à partir des années quatre-vingt-dix vont entraîner un gonflement rapide de ces réserves qui atteindront un pic à près de 4300 milliards de dollars en 2013.

Face à de tels montants, la RPC apparaît autant lié que le Trésor américain à la stabilité de la devise américaine. De surcroît, l'**administration des changes** (国家外汇管理局, guojia waihui guanli ju ou SAFE - State Administration of Foreign Exchange) ne donne guère l'exemple sur la diversification des réserves de change.

Néanmoins, l'inclusion du RMB dans les DTS encourage les banques centrales à inclure la monnaie chinoise dans leurs réserves de change pour diversifier leurs structures d'actifs de réserve. Les investisseurs, souverains ou non, recherchent sur le marché obligataire en RMB une offre de titres offrant de bons rendements et une sécurité supérieure à celle des autres économies émergentes. Les obligations de la RPC et des banques publiques chinoises peuvent offrir ces placements sûrs avec des rendements élevés d'autant que la liquidité des titres et les instruments du marché monétaire se sont améliorés. De surcroît, les anticipations d'appréciation du RMB augmentent les perspectives de rendement.

Dans ce domaine, l'attitude des autorités monétaires souveraines varient largement d'un pays à l'autre. Les banques centrales peuvent rester à distance de cette nouvelle monnaie internationale à l'image de la Réserve fédérale américaine ou acheter directement des titres en RMB sur le marché obligataire du continent comme l'autorité monétaire du Chili. La majorité des banques centrales mettent en place des procédures qui facilitent l'utilisation du RMB pour la facturation et le règlement des transactions commerciales et financières des acteurs économiques du pays ou effectuent quelques opérations à visée diplomatique ou destinées à suivre l'évolution du paysage réglementaire.

La **Banque centrale européenne** (BCE) (欧洲中央银行, ouzhou zhongyang yinhang) a placé une partie de ses réserves de change en yuans après l'inclusion du renminbi (RMB) dans les DTS. Le RMB répond donc aux critères de liquidité, de sécurité et de rendement qui sont exigés par la BCE dans la gestion de ses réserves de change. Certes, les 500 millions d'euros placés en 2017 représentaient environ 1% de réserves en devises de la Banque centrale européenne mais après la Banque nationale suisse ; la BCE est donc la deuxième autorité monétaire d'une économie avancée à diversifier ses réserves avec la monnaie chinoise. Son portefeuille des réserves de change se compose maintenant de dollars des États-Unis, de yens japonais, d'or, de droits de tirage spéciaux et de renminbis.

Cette attitude prudente contraste avec d'autres autorités monétaires, notamment des pays en développement. Par exemple, la Banque centrale du Chili (BCCh) avait des relations nombreuses avec les autorités monétaires chinoises bien avant l'inclusion du RMB dans les DTS. Les premiers dépôts offshore en RMB de la Banco central de Chile ont été réalisés en 2010, puis l'autorité monétaire chilienne a obtenu l'autorisation de la Banque populaire de Chine d'investir sur le marché onshore avec un quota de 2600 millions de CNY. En 2015, la BCCh investit directement dans des obligations onshore. En 2015, les deux banques centrales signent un accord bilatéral de swap renminbi/peso chilien. En août 2021, l'accord bilatéral est renouvelé pour une période de 5 ans. Le montant de la ligne de swaps est passé de 22 milliards de RMB à 50 milliards de RMB, soit environ 7,1 milliards de dollars des États-Unis (USD). Les fonds demandés, le cas échéant, doivent être utilisés pour faciliter les opérations de commerce extérieur entre le Chili et la Chine ou contribuer à la stabilité des marchés financiers. En 2018, la banque centrale chilienne s'engage dans un partenariat avec la Banque industrielle et commerciale de Chine (ICBC) pour opérer en son nom sur le marché onshore des titres à revenu fixe.

Un **accord de liquidité** (流动性安排, liudong xing anpai) permet de fournir des liquidités dans une devise par le biais d'un système de mise en commun des réserves par les banques centrales participantes. La banque centrale chilienne diversifie ses accords de liquidité via les pools d'investissement en RMB mis en place par la Banque populaire de Chine et la **Banque des règlements internationaux** (BRI) (国际清算银行, guoji qingsuan yinhang). La BRI est une organisation internationale qui promeut la coopération monétaire et financière internationale et fait office de banque pour les 63 autorités monétaires qui en sont membres. Dans ce cadre, elle remplit des fonctions d'agent dépositaire de garanties dans les opérations financières internationales. Ainsi l'**accord de liquidité en RMB** (人民币流动性安排, renminbi liudong xing anpai) ou Renminbi Liquidity Arrangement (RMBLA) permet de fournir des devises par le biais d'un système de mise en commun des réserves par les banques centrales participantes. Il s'agit de fournir des lignes de crédits, notamment en période de volatilité du marché.

Notons que dans l'accord signé avec la Banque populaire de Chine en juin 2022, la mise en commun des réserves permet à certaines autorités monétaires (Banque d'Indonésie, Banque centrale de Malaisie, Autorité monétaire de Hong Kong, Autorité monétaire de Singapour, Banque centrale du Chili), qui apportent un minimum de 15 milliards de renminbi (RMB) ou l'équivalent en dollars des États-Unis (USD), de puiser dans leurs contributions et aussi d'avoir accès à des financements supplémentaires par le biais d'un guichet de liquidités garanties géré par la BRI. Ainsi, pour les autorités chiliennes, il s'agit d'obtenir, en plus des réserves internationales, la possibilité de participer à un mécanisme alternatif de fourniture de fonds lors de situations exceptionnelles. La livraison d'instruments libellés en renminbis devient une garantie… comme les liquidités en dollars des États-Unis.

La part des titres chinois dans les réserves de la Banque centrale du Chili (BCCh) est passée de 2% à 8% en une décade, illustrant que la **renminbisation** (人民币化, renminbi hua) des bilans des banques centrales peut être rapide. Cette dynamique se retrouve aussi dans des économies plus importantes. Ainsi, la Banque centrale sud-africaine (SARB - South African Reserve Bank) investit sur le marché obligataire onshore depuis 2013, avant l'inclusion du RMB dans les DTS, et a augmenté la taille de son allocation en RMB à deux reprises depuis. En 2015, la SARB signé un accord de swap bilatéral de trois ans avec la Banque populaire de Chine à hauteur de 30 milliards de yuans (4,5 milliards de dollars). Il a été renouvelé en 2018. En juillet 2015, la filiale de la Banque de Chine (BOC) de Johannesburg devenait la première **banque de compensation** (清算银行, qinsuan yinhang) en RMB en Afrique pour les acteurs privés. Elle permet les règlements directs en yuans sans avoir besoin d'une monnaie intermédiaire, à l'instar du dollar des États-Unis. En juin 2016, les banques centrales chinoise et sud-africaine et le **China Foreign Exchange Trade System** (CFETS) (中国外汇交易中心, zhongguo waihui jiaoyi zhongxin) s'accordaient pour autoriser les échanges directs entre le renminbi (RMB) et le rand (ZAR) sur le marché interbancaire des changes chinois afin de réduire les coûts de conversion entre ces deux devises et favoriser les activités commerciales ou les investissements bilatéraux. Le rand sud-africain et le renminbi chinois peuvent donc être échangés sur le marché interbancaire chinois sur une base bilatérale. Un mois plus tard, la banque centrale sud-africaine effectuait un première transaction obligataire directe en RMB avec la BOC comme contrepartie directe sur le marché obligataire interbancaire chinois.

Convergent avec la demande de la diplomatie sud-africaine d'une plus grande coopération entre les BRICS, la banque centrale diversifie ses réserves de change via des titres obligataires en RMB, sur le marché onshore ou sur les marchés offshore. Le RMB fait donc partie des 14 devises éligibles par la SARB pour intégrer les réserves de change et serait la troisième monnaie dans ses réserves avec une pondération de 13%.

Avec l'Angola, le Ghana, le Kenya, le Nigeria ou la Tanzanie, l'Afrique du Sud témoigne que la monnaie chinoise est plus largement utilisée dans le commerce et les investissements entre la Chine et l'Afrique, comme dans d'autres régions du monde. Près d'une trentaine d'autorités monétaires détiennent du RMB comme monnaie de réserve et, d'une manière générale, le mouvement est à l'engagement croissant des banques centrales dans cette monnaie. Ce mouvement a été renforcé par la « militarisation du dollar », soit l'utilisation de la devise américaine et des infrastructures de marchés contrôlées par les États-Unis, à des fins de politique étrangère. Ainsi, le gel par les États-Unis et leurs alliés des réserves de change de la Russie, après sa nouvelle invasion de l'Ukraine en février 2022, a incité les pays pouvant potentiellement être visés par des sanctions économiques occidentales à diversifier leurs réserves de change.

En détenant des réserves de change en RMB, les autorités monétaires renforcent le rôle de la monnaie chinoise dans la régulation des taux de change et dans la liquidité mondiale. Certes, les défis restent encore nombreux. Sur le continent chinois, ils se repèrent tant dans la structure des marché financiers que dans les procédures de négociation des titres. De plus, l'ouverture du pays à tous les flux de capitaux est encore à venir pour une plus large internationalisation du RMB. Sans oublier la question des infrastructures de paiement ou de taux de change flexible. Selon le Financial Times, à la fin de l'année 2021 moins de 3% des réserves de change étaient placés en renminbi mais cette part connaît une dynamique croissante.

## 2. Le e-yuan, une monnaie numérique de banque centrale (MNBC)

A la fin du XIIIe siècle, les lecteurs européens de **Marco Polo** (马可. 波罗, 1254-1324) découvraient dans les Devisements sur le monde (1298) une des «merveilles» rencontrées par le jeune vénitien dans l'empire de **Kubilaï Khan** (忽必烈, 1215-1294) qui possède une « alchimie » qui permet de détenir « plus de richesse que tous les rois de la terre ». Les billets sont une invention chinoise et le neveu de commerçants européens entré au service de l'empereur mongol de préciser que « Le Grand Khan se sert de ces billets pour payer ce qu'il doit. Toutes ses provinces, royaumes et terres doivent les utiliser, de même que ses sujets, partout où il a pouvoir et autorité. Personne, pour autant qu'il tienne à la vie, ne se risque à les refuser, il serait aussitôt puni de mort. D'ailleurs tous les acceptent volontiers. »

Aujourd'hui, la stupéfaction qui frappe les touristes, les étudiants ou les cadres expatriés en Chine n'est plus l'apparition mais la disparition des billets dans les grandes métropoles ! En effet, pour s'acquitter d'une petite dette commerciale, pour la location d'un bien ou pour l'achat d'un simple plat chez un marchand ambulant, le lecteur de QR code de son téléphone portable s'impose comme le vecteur de paiement le plus courant. Au XXIe siècle, dans **l'Empire du milieu** (中国, zhong guo), les transactions numériques se sont diffusées aussi rapidement que les troupes à cheval des armées mongoles et le « mouvement tumultueux » est ici celui des tchats sur les réseaux sociaux, des clics sur les sites de e-commerce, des notations sur les plateformes de partage ou des codes générés par les applications de paiement en ligne.

La « **révolution numérique** » (数字革命, shuzi geming) est aussi une rupture monétaire et la Banque populaire de Chine, comme la majorité des banques centrales, est bousculée par la numérisation des signes monétaires. Toutefois, si près de 70 autorités monétaires se sont engagées dans des projets de **monnaie numérique** (数字货币, shuzi huobi), la banque centrale chinoise s'est distinguée de la majorité de ses consœurs par son **agilité** (敏捷, minjie). Dès 2014, la Banque populaire de Chine avait intégré dans son agenda le développement d'un tel outil. Six ans plus tard, elle procédait aux premiers essais pilotes… dans la ville qui fut le laboratoire du renouveau économique en 1978.

Une **monnaie numérique de banque centrale** (MNBC) (中央银行数字货币, zhongyang yinhang shuzi huobi ou Central bank digital currencies - CBDC), est un instrument de paiement dématérialisé, libellé dans l'unité de compte nationale et représentant directement un passif dû par la banque centrale. La MNBC s'ajoute donc aux autres formes de monnaie émises par une autorité monétaire : les pièces et les billets ainsi que les dépôts électroniques, ou réserves des banques commerciales auprès de la banque centrale.

La Banque des règlements internationaux (BRI), définit une MNBC comme «un passif de banque centrale, libellé dans une unité de compte existante, qui sert à la fois de moyen d'échange et de réserve de valeur». Elle invite à distinguer l'émission d'une :

• MNBC de gros, accessible aux seuls intermédiaires financiers ;

• MNBC de détail, accessible à l'ensemble du public.

Les deux émissions étant dissociables, une banque centrale peut gérer une ou deux MNBC. Les motivations des banques centrales pour l'émission de ces MNBC sont variées.

Le principal motif d'émission d'une MNBC de gros est, aujourd'hui, la promotion de l'innovation financière et la baisse des coûts de transaction, notamment via la maîtrise des **technologies des chaînes de blocs**[15] (区块链技术, qu kuai lian jishu). Le principal motif d'émission d'une MNBC de détail est de fournir aux agents économiques

---

[15] La technologie chaîne de blocs (ou blockchain) est une technologie de stockage et de transmission d'informations, prenant la forme d'une base de données.

«un instrument monétaire dématérialisé, dépourvu de tout risque de liquidité ou de crédit, facile d'accès et peu coûteux».

La Banque populaire de Chine a émis une MNBC de détail, le **e-yuan** (ou **e-CNY**). Ce nouvel instrument de paiement est destiné à remplacer, à terme, les billets et les pièces en circulation puisqu'il sera une monnaie fiduciaire ayant cours légal. Toutefois, il n'a pas vocation à se substituer à la monnaie scripturale déposée sur les comptes bancaires. D'ailleurs, les banques commerciales ont un rôle à jouer dans la distribution de la monnaie numérique chinoise puisque le e-yuan a la forme d'un paiement électronique en **monnaie numérique** (数字货币 电子支付, shuzi huobi dianzi zhifu) ou **Digital Currency/Electronic Payment** (ou DC/EP). En effet, cette monnaie numérique de détail est une conception en deux niveaux :

• 1er niveau, la banque centrale contrôle la monnaie numérique (DC - Digital Currency) ;

• 2e niveau, les plateformes de paiement électronique (EP - Electronic Payment) participent au système, aux côtés des banques, en tant qu'intermédiaires auprès des consommateurs et des entreprises.

Pour un pays comme la RPC, cette innovation peut s'intégrer à la fois dans la volonté d'assurer une stabilité financière, d'offrir une gouvernance moderne qui renforce la légitimité du PCC… et mieux contrôler la population même si le gouvernement affirme garantir un « **anonymat contrôlable** » (可控匿名, ke kong niming), qui signifie que la Banque populaire de Chine garde la supervision complète sur la monnaie numérique mais accorde aux utilisateurs un certain anonymat pour leurs transactions et la protection de leurs informations personnelles contre les autres tiers. L'anonymat complet ne sera pas mis en œuvre via cette DC/EP afin, selon les autorités monétaires, de décourager les délits et les crimes tels que l'évasion fiscale, le financement du terrorisme et le blanchiment d'argent.

La RPC poursuit son travail de numérisation de la monnaie en élargissant les zones pilotes, en approfondissant les utilisations et en améliorant la sécurité des systèmes. Ainsi, lors des essais, les utilisateurs peuvent retirer leurs e-yuan (ou e-CNY) auprès des guichets automatiques bancaires ou sur les portefeuilles électroniques de leurs smartphones et peuvent effectuer ces transactions en l'absence de connexion Internet. Ils n'ont pas besoin d'être liés à un compte bancaire… seulement à un numéro de téléphone.

Le e-yuan n'est pas un **cryptoactif** (加密资产, jiami zichan), comme le **bitcoin** (比特币, bite bi). De plus, il ne repose pas sur la technologie chaîne de blocs. On l'a (justement) oublié, mais le Venezuela reste le premier État à avoir proposé un « cryptoactif souverain » en 2018, le Petro (PTR). Dans les termes du gouvernement Maduro, l'actif numérique se présentait comme le « fer de lance du développement d'une économie numérique indépendante, transparente et ouverte à la participation directe des citoyens ». Au-delà de la recherche d'une nouvelle légitimité et de fonds via la technologie, l'initiative avait pour originalité d'utiliser les actifs pétroliers du Venezuela et la technologie de la chaîne de blocs pour promouvoir l'adoption d'un cryptoactif. Son échec s'explique, entre autres, par le fait que la valeur du **jeton** (代币, daibi) était soutenue par des ressources pétrolières dont une partie est déjà vendue à terme… à la Chine.

La rapidité avec laquelle la DC/EP fut développée s'explique par la visée à long terme des responsables financiers chinois et par les compétences que le pouvoir a pu mobiliser. La mise au point du yuan numérique a impliqué la haute hiérarchie de l'État, notamment au sein du Comité de stabilité financière et de développement, et les groupes publics et privés de technologie, notamment :
• les grandes banques commerciales d'État soit la Banque de Chine (BOC), la Banque de construction de Chine (CCB), Banque agricole de Chine (ABC), Banque industrielle et commerciale de Chine (ICBC), Banque des communications (Bocom) et la Banque postale de Chine (PSB) ;

• les groupes de communication comme China Mobile, China Telecom, China Unicom ;

• les sociétés de paiement comme China UnionPay ;

• les groupes du numérique, notamment leurs filiales spécialisées dans les **technologies financières** (金融科技, jinrong keji) ou fintech comme Ant Group, filiale du groupe Alibaba (Alipay), Tencent (WeChat Pay), Huawei Technologies, etc.

Les autorités monétaires ont aussi bénéficié d'une des singularités du marché chinois dans lequel un grand nombre de consommateurs sont passés directement des paiements en espèces aux paiements mobiles. Les QR codes et les portefeuilles numériques sont ainsi devenus les portes d'entrées de l'**inclusion financière** (普惠金融, pu hui jinrong).

L'intérêt du e-yuan n'est pas qu'interne. Les faibles coûts de transaction et la facilité des paiements pourraient fournir une alternative moins onéreuse et plus pratique dans de nombreuses transactions internationales. Dans cet optique, l'essor de la monnaie numérique chinoise doit aussi être pensé dans le cadre des transformations du **système monétaire international** (SMI) (国际货币体系, guoji huobi tixi).

## 3. Le renminbi, le tombeau du dollar des États-Unis ?

La République populaire de Chine (RPC) n'est pas le premier État à mettre au point une cryptomonnaie. Le sand dollar, version numérique du **dollar des Bahamas (BSD)** (巴哈马元, bahama yuan) émis par la Banque centrale des Bahamas en collaboration avec des institutions financières privées, est chronologiquement la première monnaie numérique de banque centrale (MNBC). Néanmoins, l'initiative chinoise a une autre dimension et une autre portée que celle du dollar bahaméen ayant vocation à attirer les entreprises de nouvelles technologies sur son territoire. Avec le yuan numérique, la Banque populaire de Chine prend une avance sur les banques centrales des autres puissances économiques.

L'avance monétaire chinoise relance la controverse sur l'avenir du dollar des États-Unis comme monnaie internationale dominante. D'ailleurs, le yuan numérique étant perçu comme un « problème de sécurité nationale », les autorités monétaires des États-Unis ont accéléré le projet du **dollar numérique** (数字美元, shuzi meiyuan). En novembre 2022, la Federal Reserve de New York a lancé une opération de 12 semaines pour tester « la faisabilité technique et la viabilité juridique et commerciale » d'une monnaie numérique en collaboration avec des groupes bancaires et financiers (Citi, HSBC, Wells Fargo, Mastercard, etc.).

D'une manière générale, les Banque populaire de Chine et les entreprises technologies financières chinoises semblent prendre une avance technologique dans les procédés de **cryptographie** (密码学, mima xue) qui bousculent les **systèmes de paiement** (支付系统, zhifu xitong) traditionnels. Ses « essais pilotes » contrastent avec les atermoiements des autorités monétaires américaines qui viennent de freiner le projet de **stable coin** (稳定币, wending bi) privé, ou jeton indexé sur une ou plusieurs devises de Facebook (Libra puis Diem), et trouvent difficilement un consensus sur les régulations à établir dans ces secteurs.

Or, les technologies qui façonnent le paysage financier bousculent aussi l'ordre géopolitique, comme l'illustre le réseau de messagerie financière **Society for Worldwide Interbank Financial Telecommunications** (环球银行间金融通信协会, huanqiu yinghang jian jinrong tongxin xiehui) ou SWIFT. La société coopérative de droit belge contrôlée par les États-Unis permet de réaliser rapidement les transactions financières internationales. Elle a su s'imposer par ses capacités technologiques et son cadre juridique qui permettent d'échanger chaque jour des millions de messages financiers standardisés dans plus de 200 pays ou territoires.

A l'heure où le dollar des États-Unis et SWIFT inquiètent nombre de pays, souvent des régimes autoritaires, qui contestent la légitimité des États-Unis, et plus largement les pays occidentaux, à tirer parti des systèmes actuels et à appliquer des sanctions financières, les alternatives technologiques pour les transactions financières internationales sont les bienvenues pour les pays veulent éviter l'extra-territorialité (le droit américain s'applique automatiquement aux transactions effectuées en dollars des États-Unis, quel que soit le pays), les sanctions unilatérales (amendes, embargos, saisis, etc.) décidées par l'exécutif à l'encontre des entreprises ou des États et les effets rétroactifs du droit américain.

On peut définir une monnaie par ses fonctions, une **monnaie internationale** (国际货币, guoji huobi) sert à la fois d'unité de compte pour les facturations commerciales entre les pays, d'intermédiaire dans les transactions commerciales ou financières internationales et de réserve de valeur pour ses détenteurs non-résidents.

Le statut du dollar des États-Unis s'explique à la fois par le poids économique des États-Unis et ses **marchés de capitaux** (资本市场, ziben shichang) qui restent **profonds** (深度, shendu) et **liquides** (流动性,

liudong xing). De plus, les habitudes prises par les acteurs internationaux réduisent les **coûts de transaction** (交易成本, jiaoyi chengben), amplifient les **économies d'échelle** (规模经济, guimo jingji), génèrent des **externalités positives** (正外部性, zheng waibu xing) et des **effets de réseau** (网络效应, wangluo xiaoying) qui renforcent la position internationale du dollar des États-Unis qui domine le renminbi dans toutes les fonctions d'une monnaie internationale.

Ainsi, le dollar reste la principale monnaie :

• dans les paires de devises échangées sur le marché des changes. Plus largement, il reste la **monnaie d'ancrage** (锚定货币, mao ding huobi) du SMI ;

• dans les opérations commerciales et financières internationales ;

• dans les réserves de change des banques centrales.

Néanmoins, la « monnaie du peuple » grignote les positions de la devise étasunienne dans tous ces domaines.

Premier producteur et le premier consommateur d'or depuis 2013, la RPC a lancé son système de cotation de l'or en yuan en avril 2016. Aujourd'hui, le prix métal précieux est fixé à Londres en dollar des États-Unis et sur le **Shanghai Gold Exchange** (SGE) (上海黄金交易所, Shanghai huangjin jiaoyi suo), où un système de cotation établit un prix en yuans deux fois par jour.

Après l'or jaune, l'or noir ! En 2022, l'Arabie saoudite, premier producteur mondial de pétrole dont un quart de la production est acheté par la Chine, s'est engagée à facturer le pétrole vendu à la RPC en yuans. Ce « petit changement » a des conséquences importantes. D'abord, une portée symbolique. Les prix du marché du pétrole sont depuis longtemps fixés en dollar des États-Unis, confirmant son statut d'unité de compte international. Ensuite, il peut avoir des implications pratiques plus larges si ce geste saoudien était suivi par les pays du Conseil de coopération du Golfe (CCG).

Le terme de **pétroyuans** (石油元, shiyou yuan) ne sera alors pas cantonné dans les plaquettes commerciales d'Aramco mais pourrait s'imposer dans le vocabulaire de la finance internationale.

Déjà, en 2017, la tarification du pétrole en yuan était au cœur des discussions entre la Banque populaire de Chine et la Banque centrale de la Fédération de Russie. L'adoption du yuan comme unité de compte pour ces transactions sur les marchés internationaux pourrait aussi s'élargir à l'Iran et au Venezuela. De surcroît, cette dynamique pourrait s'accélérer si les contrats à terme sur ce marché étaient aussi libellés en yuans[16].

---

[16] Depuis mars 2018, la Shanghai Futures Exchange (SHFE) (上海期货交易所, Shanghai qihuo jiaoyi suo), la bourse internationale de

Ainsi, si seulement 10% des transactions mondiales sont comptabilisées en yuan, la «dé-dollarisation » des marchés internationaux n'est plus une hypothèse, c'est une tendance !

Cette tendance est renforcée par les efforts de la diplomatie chinoise en direction de ses voisins asiatiques ou au sein des BRICS.

En effet, la RPC incite les pays d'Asie à commercer dans leurs monnaies respectives afin de favoriser les facturations et les paiements en renminbi. De plus, elle met en place des institutions financières qui visent à renforcer son poids dans la région à l'image de la **Banque asiatique d'investissement pour les infrastructures** (BAII) (亚洲基础设施投资银行 – 亚投行, yazhou jichu sheshi touzi yinhang - ya touhang ou Asian Infrastructure Investment Bank - AIIB), dont le siège est à Pékin. Cette banque de développement a pour objectif de favoriser le développement économique durable et d'améliorer la connectivité des infrastructures en Asie.

Le terme **BRICS** (金砖国家, jin zhuan guojia) est l'acronyme pour regrouper cinq pays : Brésil, Russie, Inde, Chine et Afrique du Sud. Ces cinq puissances émergentes revendiquent « un système de devises stable, prévisible et

---

l'énergie de Shanghai, propose des contrats à terme et des options sur les matières premières, a introduit la cotation du pétrole en yuan.

plus diversifié » et, plus largement une place plus importante dans les organisations internationales. Ce nouveau club de puissances a mis sur pied la **Nouvelle banque de développement** (新开发银行, xin kaifa yinghang, New Developement Bank - NDB ou 金砖国家开发银行, jin zhuan guojia kaifa yinhang pour Banque de développement des BRICS), dont le siège est à Shanghai. La NBD est une institution financière internationale qui vise à renforcer la coopération financière entre les BRICS et à compléter les institutions financières multilatérales et régionales. Les prêts accordés par la NBD aux pays qui en font la demande sont libellés en monnaie locale.

Plus largement, le **Fonds de la Route de la soie** (丝路基金, si lu jijin), structure d'investissement créée le 29 décembre 2014, vise à soutenir les initiatives « une Ceinture et une Route » proposées par la République populaire de Chine pour améliorer sa coopération avec des pays d'Asie, d'Europe et d'Afrique. La société investira principalement dans les infrastructures, la coopération industrielle et financière et le développement des ressources. Le fonds est ouvert aux investisseurs chinois et étrangers. Si aujourd'hui, le Fonds de la Route de la Soie est financé essentiellement par les réserves en devises étrangères de la China Investment Corporation, de la Banque chinoise d'import-export et de la Banque de développement de Chine, il peut aisément promouvoir l'utilisation de la monnaie chinoise dans le financement du développement.

En décembre 2020, l'ancien gouverneur de la Banque populaire de Chine, **Zhou Xiaochuan** (周小川, 1948) affirmait que le yuan numérique ne bouleversera pas l'ordre du système monétaire mondial. Il présentait le DC/EP comme une initiative de paiement électronique en monnaie numérique à visée purement interne. Toutefois, nombre de commentateurs soulignaient qu'il a aussi vocation à favoriser le commerce transfrontalier et renforcer le statut international du yuan. Par exemple, le think tank financé par la Ministère de la défense australienne, l'Australian Strategic Policy Institute anticipe que le gouvernement chinois « imposera que les étrangers utilisent également le yuan numérique pour certaines catégories de transactions transfrontalières en renminbi, comme condition d'accès au marché chinois ». Cette hypothèse peut sembler extrême… mais elle est devenue plausible.

Si le RMB n'est pas le tombeau du dollar, l'essor international de la « monnaie du peuple » renforce l'hypothèse d'une **système monétaire multipolaire** (多极世界, duo ji shijie) qui s'organise avec l'essor de la monnaie chinoise. Et dans ce nouveau monde multipolaire, l'**Œil de**

**la Providence**[17] (普罗维登斯之眼, pu luo wei deng si zhi yan) devra regarder de près le sourire numérisé du président Mao.

---

[17] La gravure d'un œil placé dans un triangle figure également au verso du billet d'un dollar américain ainsi que sur le Grand Sceau des États-Unis.

# CONCLUSION

**Yi Gang** (易纲, 1958-), le gouverneur de la Banque populaire de Chine depuis le 19 mars 2018, termine généralement ses discours en rappelant « qu'à l'avenir, la Banque populaire de Chine continuera à prendre pour guide la pensée de Xi Jinping sur le socialisme aux caractéristiques chinoises et à mettre en œuvre les principes directeurs énoncés par le XXᵉ Congrès national du PCC. »

L'idée d'une banque centrale indépendante n'a pas de pertinence en RPC et la politique monétaire n'est qu'un des outils au service de l'ambition d'un président, et d'un parti, qui ont révisé la constitution en 2018 pour assoir et prolonger le pouvoir de **Xi Jinping** (习近平, 1953-) afin de « réaliser le renouveau de la nation chinoise ».

En 2022, le XXᵉ Congrès national du Parti communiste chinois a confirmé le nouveau paradigme de développement de la RPC basé sur la **double circuit national et international** (国内国际双循环, guonei guoji shuang xunhuan) ou **double circulation**[18].

---

[18] La double circulation marque une inflexion avec la « grande circulation internationale » (国际大循环) (Wang Jian, 1987), politique de développement qui défendait le désenclavement des zones côtières par le biais du développement d'une industrie manufacturière tournée vers l'exportation de produits bon marché à forte intensité de main-d'œuvre peu qualifiée.

L'expression renvoie à une stratégie de politique économique visant à stimuler simultanément le marché intérieur (circulation nationale) et le marché extérieur (circulation internationale). La circulation nationale se concentre sur la demande interne et la montée en gamme de l'industrie chinoise grâce à l'innovation technologique. Toutefois, elle doit s'appuyer sur la division internationale du travail et la coopération commerciale et financière (cf. investissements étrangers, transfert de technologies, etc.) car les ressources extérieures (capitaux, technologies, savoir-faire, etc.) restant indispensables à la montée en gamme des productions de biens et services destinées aux marchés internes et externes. Dans le modèle de développement basé sur la « double circulation », les marchés nationaux et étrangers se renforcent mutuellement. Et les réformes structurelles du côté de l'offre permettent d'élargir la demande intérieure et extérieure.

Cette stratégie suppose des mutations internes mais aussi des transformations de la mondialisation dans laquelle la RPC, et sa monnaie, sont appelées à jouer un rôle plus important. Il n'est donc pas surprenant que le vice-Premier ministre **Liu He** (刘鹤, 1952-), directeur de la Commission centrale des Affaires financières et économiques du PCC et conseiller de Xi Jinping sur les affaires économiques depuis 2013, invite à « la re-mondialisation économique » dans son discours à Davos de janvier 2023.

Ces dernières années, ont été des années de ruptures, en matière monétaire comme dans d'autres domaines puisque la pandémie de covid-19 et les confinements ont accéléré les mutations dans nos manières de consommer, de travailler, d'étudier, de nous rencontrer… mais aussi de payer. Les pays occidentaux ont pris conscience de l'avance chinoise en matière de monnaie numérique. La DC/EP n'est pas un cryptoactif, comme le Petro ou le Bitcoin, c'est une monnaie d'émission centralisée et souveraine.

Une innovation n'est jamais neutre. Cette nouvelle technologie de paiement pourrait accélérer les mutations dans les paiements, d'abord dans le pays, en bousculant les intermédiaires traditionnels que sont les banques commerciales, et entre les pays, en interrogeant l'efficacité et le coût des **systèmes de paiement** (支付系统, zhifu xitong) traditionnels au sein de l'architecture financière mondiale. Les États-Unis et la République populaire de Chine ne sont pas que des concurrents commerciaux. Ils sont engagés dans un conflit de puissances dont les enjeux sont indistinctement diplomatiques, militaires, économiques, technologiques, financiers, monétaires, etc. La DC/EP chinoise peut donc être intégrée dans ce cadre.

La nouvelle invasion de l'Ukraine par la Russie, en février 2022, et les sanctions financières occidentales qui ont suivi ont aussi souligné deux points importants : la condamnation de la Russie ne fut pas unanime dans le monde et les régimes autoritaires cherchent des alternatives à la domination du dollar des États-Unis et des systèmes de paiement internationaux contrôlés par les Occidentaux, pour échapper, le cas-échéant, aux sanctions financières.

Avant d'être nommé vice-président du FMI, **Li Bo**[19] (李波, 1972-), vice-gouverneur de la Banque populaire de Chine déclarait que « l'objectif n'est pas de remplacer le dollar américain ou d'autres devises internationales ». Toutefois, il resta peu disert sur les ambitions internationales du gouvernement chinois pour sa monnaie.

Ce qui est certain, c'est que la «monnaie du peuple»

---

[19] **Li Bo** (李波, 1972 -) obtient une licence d'économie internationale à l'Université Renmin de Chine (Pékin) en 1992. Il part étudier aux États-Unis où il sera diplômé d'une maîtrise en économie de l'université de Boston, d'un doctorat en économie de l'université de Stanford ainsi que d'un doctorat en droit professionnel de la Harvard Law School en août 1999. Il commence sa carrière au cabinet d'avocats new-yorkais Davis Polk & Wardwell puis devient associé au bureau de Hong Kong de Davy & Davy. En août 2018, il est engagé politiquement comme vice-président de la Fédération des Chinois d'outre-mer rapatriés. Il travaille ensuite dans différents postes au sein de la Banque populaire de Chine, où il sera nommé gouverneur adjoint en avril 2021. Il était aussi maire adjoint de Chongqing depuis 2019, en charge du développement du secteur financier de la ville, du commerce international et ses investissements directs étrangers. Le 23 août 2021, Li Bo prend ses fonctions de directeur général adjoint du FMI et devient le troisième vice-président chinois après **Zhu Min** (朱民, 1952-) et **Zhang Tao** (张涛, 1963-).

n'est plus cette monnaie fragile du début du régime communiste qui craignait d'être déstabilisée par ses voisins. Elle n'est plus la monnaie qui pouvait se satisfaire des objectifs internes, à savoir lutter contre l'hyperinflation et la limitation des fortes variations de prix. Elle n'est plus cette monnaie qui partageait sa fonction d'intermédiaire dans les échanges avec une multitude de bons d'approvisionnement. Elle n'est plus la monnaie dont les exportateurs et les importateurs cherchaient à se débarrasser aussitôt acquise. Elle n'est plus le simple vecteur de la monétisation d'une société qui se développe et accède à la consommation de masse. Elle n'est plus un simple signe monétaire dont la valeur dépend uniquement d'une légitimité interne assise sur l'aura de la figure du fondateur du régime. Elle est devenue l'une des cinq monnaies dans le panier de DTS du FMI et, surtout, pour reprendre Gita Gopinath (1971-), directrice générale adjointe du FMI, le **renminbi (RMB)** (人民币) est une monnaie qui « aspire à devenir une monnaie mondiale »